日経文庫
NIKKEI BUNKO

JN098015

# 英文契約書の読み方〈第2版〉

山本孝夫

日本経済新聞出版

## まえがき

　国際的な取引や契約に携わる職業を目指す学生や，企業の現場で初めて国際取引を担当することになった社会人の方から，つぎのような質問を受けることがあります.

「英文契約書には，読んでもすぐには分からない表現や語彙，規定があります. 和訳してみても，なぜそのような表現をするのか，そのねらいが分からない文章があります. 英文契約書の読み方を修得するには，どのように学んでいけばいいのでしょうか?」

　英文契約書の読み方には，登山にたとえれば，様々な登攀(とうはん)の仕方，ルートがあると思います. 本書は，上記のような学生，社会人の方々の要請に応えて，もっとも正統派の修行方法のひとつを紹介したいと思い，取り組みました. 初版（2006年刊）の内容，例文，解説を基盤として，最近十数年の経済，法文化，技術，研究等の進展を反映し，それらに対応すべく，新しいドラフティング技術，例文条項，その解説も加筆しました.

　私たちは，個人の権利・自由を重んじ，私的自治，契約自由の原則を指導理念とする社会に生きています. 契約自由の原則のもとで，企業や個人が経済活動で発展を遂げるには，人も，企業も，契約を重んじ，契約知識・技術と，その契約自由の原則を支えつつ，同時に一定の社会性を加える法を修得し，調和していくことが必要です.

　現代の国際ビジネスの世界では，英語がその標準語で

す．英文知識と法の知識，技術を修得することが，個人・企業が独立し，自由で国際的な経済活動を持続的に成長させていくための有力な武器となります．

　異なる文化と法を持つ者同士の契約である国際契約の交渉とは，個別の取引契約ごとに適用される当事者間を律する法を書き上げることなのです．海外の相手先は，契約を武器と考えて，真剣に取り組んでいるかもしれません．

　本書では，まず英文契約の読み方を修得するのに必要な英文契約独特の表現，語彙を，例文を使って実務に即して紹介していきます．極力すべての例文に対訳を付すようにしました．

　各条項を紹介するにあたり，本書の前半では，契約用語，語彙を紹介し，売買，融資，合弁事業，株式譲渡，サービス提供，エンターテインメント契約，保証をはじめ，あらゆる種類の契約を取り上げました．

　後半では，具体的な各条項の詳しい紹介をしました．近年，重要度を増している知的財産のライセンス契約を中心に据えて，その各条件・条項が，どのようなねらいをもって規定されているのか，その読み方を追求していくという手法をとりました．それぞれの時代を代表する重要契約を通し，その読み方を探求していくことが，英文契約書の読み方の修得につながると考えるからです．

　私は，三井物産の欧州ロンドン，米国ニューヨーク・サンフランシスコ，東京，大阪の各オフィス，および中東合弁事業（出向）の法務部門で国際契約に30年間従事し，経験を積んだのち，1999年より2014年までの15

年間，明治大学法学部専任教授として，「国際取引法」「法律英語」を講義しました．また，国際取引法ゼミナールなどを担当し，ゼミ生たちと模擬裁判，模擬契約交渉，サブゼミナール（ESS，外書輪読会）を行ってきました．ゼミではしばしば，本書の冒頭に紹介する国際契約をめぐるエピソードのテーマやゼミ生自身，各チームを組み，自分たちで考え，設定したケースをもとに，毎年，清里のセミナーハウスの夏合宿や，ふだんではゼミ教室や模擬法廷で，その登場人物になりきって，模擬裁判，契約交渉をくりひろげました．

　1970年代はじめにミシガン大学ロースクールで経験し，楽しんだゼミナール（リーゼンフェルト教授のInternational Business Transactions，ジョン・ジャクソン教授のInternational Trade）と授業（グレイ教授のContracts）をヒントにカリキュラムとゼミ授業を組み立てました．

　模擬裁判では，裁判官チームは，法衣をまとい，原告，被告チームは，それぞれ，証人をたて，互いの主張を戦わせます．清里セミナーハウス夏期合宿や模擬法廷（明治大学）などで，模擬裁判やゼミナール授業（模擬裁判，契約交渉，プレゼン）風景を写真に撮ることがありました．大学の高校生向け広報への協力，ゼミ募集用広報や，プレゼン・ノウハウの次世代（ゼミ後輩）への承継，授業の活性化等を目指していました．模擬法廷におけるゼミの模擬裁判の実施の日には，大学広報部アレンジによるプロフェッショナルな動画撮影や法学部広報担当によるカメラ撮影が行われることもあり，ゼミ生の刺激にも，真剣に取り組む動機付けにもなっていました．

　本書の初版や，姉妹編『英文契約書の書き方』の第2版は，そのような，いわばゲームを展開している最中の2006年に，「法律英語（2年生向け）」「国際取引法（3年生向け）」のテキストとして，誕生したものです．

　明治大学での15年間のおよそ30回におよぶ清里夏合宿やゼミナールでくりひろげた模擬契約交渉，模擬裁判の経験，エピソードは，筆者が2014年3月に明治大学教授を古稀退官する際，退官記念出版として著した『英文ビジネス契約書大辞典〈増補改訂版〉』（2014年，日本経済新聞出版社）に盛り込みました．同書の出版は，連載100回超えを目指して，2014年3月発売2014年5月号より，ビジネスロージャーナル誌に「英文契約書応用講座～新・梁山泊としてのゼミナール」を連載開始するきっかけにもなりました．2020年4月現在，連載は72回になりますが，最初の21回分をまとめて，加筆し，2016年に『山本孝夫の英文契約ゼミナール』（レクシスネクシス・ジャパン社）というタイトルで刊行しました．また，2019年には，『英文ビジネス契約フォーム大辞典』（日本経済新聞出版社）を上梓しました．本書と姉妹編『英文契約書の書き方〈第3版〉』には，それらの研究成果と収録英文契約条項等を取り入れ，反映させています．

　本書と姉妹編『英文契約書の書き方〈第3版〉』をカメラにたとえれば，小型で高性能のデジタル一眼レフカメラの正統派を目指そうと心がけました．それぞれの英文契約条項やフォームは，鋭いねらいを持ったシャープな交換レンズに相当します．実際に，本書と姉妹編を手に

取っていただく方々に，英文契約やその交渉について，少しでも自信を持っていただければと願っています．

　英文契約の基礎を修得した上で，英文契約を読む力，ドラフティング力，契約交渉力をさらに伸ばすためにはどうしたらよいか，という質問を受けるたびに，イギリスとアメリカの判事の言葉を思い出します．イギリスの1956年のスエズ運河封鎖を扱ったユージニア号事件では，デニング卿は，判決文をこう結びます．「彼らは，その事態を予見し，心配し，しかも，契約書中に事態に対処するための規定を置かなかった」．
　アメリカでは，1980年のウオルフトラップ・ナショナルパークの雨で（漏電の心配から）公演が流れたボストン・オペラ・カンパニー事件で，マクミラン判事が言います．「そう主張したいなら，a few seconds をかければ，契約書に書けたのだ」．
　日本では，東京ヒルトン事件での契約譲渡をめぐる英文契約の解釈における判決（東京地裁）の厳しさが，身にしみます．
　現場での交渉や，ドラフティングに取り組み，工夫を重ね，精進する一方で，契約紛争を扱った数々の内外の判例を読むことが力量を伸ばすことにつながると思います．

　コンパクトな本書，姉妹編『英文契約書の書き方〈第3版〉』により，英文契約の基礎知識・技術を身につけていただけるよう願っています．
　さらに，英文ビジネス契約について，修行を続けたい方は，筆者の著作では，上級シリーズ姉妹編『英文ビジ

ネス契約書大辞典〈増補改定版〉』(2014) および『英文
ビジネス契約フォーム大辞典』(2019) を用意していま
す．この 2 冊をかたわらに，契約実務の現場で修行をつ
づけていただければと願っています．

　最後に，私が，ミシガン大学ロースクールで学び，今
も口癖になり，『英文ビジネス契約フォーム大辞典』の
表紙（扉）と函の表紙にも記した言葉を紹介して，まえ
がきの結びとしたいと思います（幾人かのメンターのこ
とばを，筆者のことばで表現しました）．
　"Trust yourself. Nothing is as trustworthy as your own
judgment.
　Nevertheless, the English language is a double-edged
sword, and must be used with all the precision of a
surgeon handling a scalpel."
（あなた自身を信じよ．あなた自身の判断に勝る信頼で
きるものはない．
　しかしながら，英語は，諸刃の剣であり，外科医がメ
スを扱う精確さで扱わなければならない）

　　2020 年 4 月
　　　神田駿河台　山の上ホテル・ヒルトップにて
　　　　　　　　　　　　　　　　　　　山本　孝夫

# 英文契約書の読み方　目次

まえがき　3


## 第 1 章　英文契約書を読むためのポイント　17

### 1　英文契約書を学ぶ前に　18

（1）エピソード①
　　──売買契約での引き渡し中止　18

（2）エピソード②
　　──フランチャイズ契約での契約更新　21

（3）エピソード③
　　──ライセンス契約のロイヤルティー　23

### 2　英文契約書を読む際の留意点　26

（1）契約書の読み方はなぜ大切か　26

（2）契約書の条件は,
　　当方の理解と一致しているか　28

（3）条件に関する表現が一致しているか　29

（4）知的財産の取引では読み方は特に慎重に　30

### 3　契約書の英語を読むために　33

（1）基本構文と基本用語を修得する　33

（2）契約専門用語に慣れる　34

## 第2章　英文契約書の基本用語に慣れる　37

1　契約書の英文の特徴　38
  （1）リーガル・ジャーゴン，
      契約専門用語への対応　38
  （2）厳格・網羅的な表現のねらい　38
  （3）厳格・網羅的な表現の効用　39
  （4）契約書の時制――現在と未来　40

2　基本的な構成と基本的な用語・表現　41
  （1）witnesseth　42
  （2）whereas　43
  （3）party　44
  （4）consideration　45
  （5）hereof; hereto　47
  （6）thereof　48
  （7）hereby; hereunder　48
  （8）execution of this Agreement; execute this
      Agreement　49
  （9）made and entered into　50

3　不可抗力条項とその基本的な用語・表現　51
  （1）including, but not limited to　52
  （2）force majeure　54

4　保証，保証の否認・制限と
    契約解除の基本的な用語　56
  （1）indemnify and hold harmless　56
  （2）without prejudice to　57
  （3）as is　58
  （4）represent and warrant　61
  （5）warranty　62
  （6）implied warranty of fitness; implied warranty of

      merchantability 64

5 **各種契約用語と表現** 67

  （1）power of attorney 67

  （2）covenant（s）and agree（s）67

  （3）most favored customer 68

  （4）pari passu 68

  （5）entire agreement 68

6 **知的財産ライセンス契約や
販売店契約での用語** 69

  （1）public domain 70

  （2）royalty 71

  （3）territory 73

  （4）minimum royalty 76

# 第3章 契約上の権利・義務の表現 79

1 **契約上の権利・義務を表す用語** 80

  （1）shall 80

  （2）agree to 82

  （3）may 83

  （4）have the right to 86

  （5）may not 87

2 **法的拘束力がないことを示す表現** 88

  （1）レター・オブ・インテントが
作成されるケース 88

  （2）not … legally binding を使った例文 89

3 **契約上の義務を表す will の用法と読み方** 93

  （1）will と shall の違い 93

（2）will を使った例文 95

## 第4章 英文契約書の頻出表現 101

1 読みこなしに必要な
   ラテン語イディオムの知識 102

2 頻繁に使用されるラテン語等の
   表現と読み方 103

   （1）in lieu of（ラテン語）103
   （2）mutatis mutandis（ラテン語）107
   （3）bona fide（ラテン語；in good faith）107
   （4）pari passu（ラテン語）110
   （5）per diem（ラテン語）111
   （6）pro rata（ラテン語）112
   （7）inter alia（ラテン語）113
   （8）per annum（ラテン語）113
   （9）force majeure（フランス語）114

3 頻出する契約英語の表現 114

   （1）at the request of ABC; upon ABC's request 114
   （2）prevail; supersede 115
   （3）in no event 116
   （4）set forth 116

4 秘密保持，契約の存続と
   中途解約に関する表現 118

   （1）hold ... in strict confidence 118
   （2）upon termination of this Agreement 119
   （3）survive 122

5 契約の発効，事態の発生，

　　期間に関わる表現　123

　　（1）become effective　123
　　（2）upon the occurrence of　124
　　（3）term　126

6　子会社，関連会社を表す表現　129

　　（1）subsidiary と affiliate の違い　129
　　（2）subsidiary を使った例文　129

7　差し止め，仮差し止めに関する表現　132

　　（1）injunctive remedies; injunctive relief;
　　　　preliminary injunction　132
　　（2）injunctive relief を使った例文　133

8　期限の到来に関する表現　136

　　（1）due and punctual performance　136
　　（2）due and payable　138
　　（3）jointly and severally; unconditionally　140

9　subject to の読み方　141

10　「最大限の努力をする」という表現　143

　　（1）make its best efforts ;
　　　　use its utmost efforts　143
　　（2）努力規定の表現には，
　　　　様々な用語・方法がある　144

11　High Safety Required Use（高度の安全性
　　を要求される用途）に関する表現　147

## 第5章 但し書き，例示・除外，金額・数字，期限・期間の表現 149

1 但し書きを表す表現 150
   (1) provided, however, that 150
   (2) provided, however, that を使った例文 150
2 例示と除外を表す表現 152
   (1) 例示の表現 152
   (2) 除外事項の表現 153
3 金額，数字，割合を表す表現 156
   (1) 金額の表現 156
   (2) 割合の表現 159
4 期限と期間を表す表現 161


## 第6章 契約条項の読み方①
### ──ライセンス許諾と対価の支払い 165

1 実際の契約条項をもとに読み方を学ぶ 166
2 前文・リサイタル条項の読み方 167
   (1) ライセンス契約の主要条項 167
   (2) 前文とリサイタル条項の読み方 167
3 定義条項の読み方 174
4 ライセンス許諾条項の読み方① 183
5 ライセンス許諾条項の読み方② 193
6 ロイヤルティーとその支払条項の読み方① 199
7 ロイヤルティーとその支払条項の読み方② 210

## 第7章 契約条項の読み方②
### ──ライセンスの実施と責任 223

1 技術情報・営業秘密の開示に関わる
  条項の読み方 224

2 技術指導に関わる条項の読み方 228

3 ライセンス許諾の表示，
  グラント・バック条項，
  権利の帰属に関わる条項の読み方 235

4 保証と保証の排除に関わる条項の読み方 244

5 知的財産権侵害へのクレーム，
  訴訟対応に関わる条項の読み方 251

6 許諾製品の品質コントロールに関わる
  条項の読み方 262

## 第8章 契約条項の読み方③
### ──付随義務と一般条項 267

1 広告・宣伝・販売努力義務と販売記録保管・
  報告義務に関わる条項の読み方 268

2 契約の途中解除に関わる条項の読み方 273

英語索引 281

謝　辞 285

# 第1章 英文契約書を読むためのポイント

# 1 英文契約書を学ぶ前に

　英文契約書の読み方という言葉を聞くと思い浮かぶ，いくつかのエピソードがあります．

## (1) エピソード①——**売買契約での引き渡し中止**

　最初のエピソードは，気のおけない知己の高瀬史音氏（仮名）から聴いた話です．高瀬氏は，東京・神田神保町にある Elnox Corporation（「エルノックス・コーポレーション」〈仮称〉）の法務部門に在籍しています．

　〈**クローバー社からの電話**〉　高瀬氏が携わった契約に，欧米のコングロマリット企業の一部門であるクローバー・ケミカル・カンパニー・リミティッド（以下「クローバー社」）と締結した化学品の売買契約がありました．クローバー社は，化学品の製造と販売・輸出を手がけている会社です．その主力製品（XYZ）の製造過程での中間製品（BPD）をエルノックス社が購入し，日本に輸入する契約でした．F.O.B. 条件（本船渡し条件）での売買契約の引き渡し期日が近づき，エルノックス社が受け渡しのための準備を始めていたある日，クローバー社から高瀬氏に電話連絡がありました．クローバー社の担当とは欧州への出張時にイタリアン・レストランで一緒に食事をしたことがあり，顔見知りです．
　「高瀬さん，お約束している商品（BPD）についてですが，今年7月1日のデリバリー（船積み）分50万ドルの御社への引き渡しをしないことになりました」
　高瀬史音氏は，びっくりして言いました．

「冗談を言わないでください．7月1日のデリバリー（船積み）分の納入先は既に決まっていて，御社がそのような契約違反をされると，契約商品（BPD）納入先の客先（横浜工場）の操業が停止してしまいます．客先にとっては，BPDは横浜工場の操業に欠かせない原材料ですから，大変な損害賠償クレームが発生します．こんなnon-delivery（引き渡し違反）は御社のような一流の会社との間では聞いたこともありません」

　**〈相手方契約書の裏面約款〉**　クローバー社の担当者は，少しもあわてず答えます．
　「高瀬さん，当社のSales Note（売り渡し確認書）の裏面約款第7条をご覧になっていないのですか？　裏面約款第7条のBy-Products Clause（バイプロダクツ・クローズ）によって，当方は一切，契約違反の責任は負いません」
　高瀬氏はびっくりしました．By-Products Clauseという言葉を聞いたことがなかったからです．商品BPDの輸入を担当している輸入事業部がエルノックス社の自社フォームでPurchase Note（購入確認書）を発行していると確信していたからです．エルノックス社のPurchase Noteの起案・作成は高瀬氏が担当しました．ただちにエルノックス社のBPD輸入販売担当部門と連絡をとって調べてみると，次のことがわかりました．
　エルノックス社の担当者は，確かに自社フォームのPurchase Noteを発行して送付しているのです．ただ，相手方のクローバー社からは，エルノックス社の送付したPurchase Noteは返送されて来ず，代わりにクローバー社のSales Note2通（正本と副本）が，クローバー社

でまず売主の署名欄にサイン（署名）して，エルノック
ス社に送付されてくるのです．エルノックス社の担当
は，クローバー社の要請に基づき，その1通に署名して
送り返し，もう1通分を署名して保管していました．エ
ルノックス社の社内手続としては，その事業部の責任者
に“相手方フォームによる契約書使用のこと”として，
報告書を提出して了承されていました．エルノックス社
の担当は，クローバー社の Sales Note の裏面約款の第7
条の By-Products Clause（副産物条項）については，よ
くわからないものの，同社が一流企業であるからまあ大
丈夫だろうと考えていたそうです．

　**〈By-Products Clause（副産物条項）〉**　高瀬氏が辞書を
片手に副産物条項を翻訳すると，次のように書かれてい
ました．
「買主は，本売買契約の対象である商品BPDが，売主
の工場の主製品の製造の際に発生する副産物であること
を了解する．理由のいかんを問わず，売主が，主製品の
生産を中止し，または減産すると決定したときは，買主
はBPDの引き渡しについて，売主が中止し，または引
き渡し数量を減ずることにあらかじめ同意し，一切のク
レームを申し立てないものとする」．
　当時の高瀬氏と同じように，By-Products Clause（副
産物条項）という言葉を初めて聞いたという方のため
に，少し解説を加えましょう．主製品と副産物の経済的
な価値を比較すると，あまりにその価値（値段）に隔た
りがある主製品について注文がなく，販売の見込みが立
たないときに，値段としては主製品をはるかに下回る副
産物の生産・引き渡しをするために主製品を生産して無

駄にするということは，クローバー社としてはありえないというのです．経済的に見て大きな無駄となってしまいます．そこで，このような副産物条項を裏面約款に規定して，買主に対して，必要なときには一切の（損害賠償や引き渡し請求などの）クレームを受けずに引き渡しをしないという一方的な権利を主張できるようにしているというのです．

　もしそうなら，高瀬氏は，エルノックス社からその客先に転売する売り渡し契約書に同趣旨の権利を主張できるいわゆる副産物条項を規定すべきだったと思いました．高瀬史音氏とエルノックス社の担当は，この条項なしに，クローバー社からの non-delivery 分を解決するために客先と交渉を始めなければならなくなりました．

## (2) エピソード②──フランチャイズ契約での契約更新

　もうひとつのエピソードは，フランチャイズ契約の解除に関するものです．

　〈フランチャイズ契約〉　法務部長・日高尋春氏（仮名）は，Aurora Borealis Corporation（仮名；略称 ABC 社）で，ある食品（DNT）の日本国内と東南アジア地域における販売について，欧米に本社のあるフランチャイズチェーン本部（仮称「ロッキー社」）と，独占的なマスターライセンス契約を締結しました．そのマスターライセンス契約では，ライセンスに基づき ABC 社は，ライセンス権を得た地域ではマスターライセンシーとして，あたかもロッキー社の立場にいるかのように，自社が適切と判断した自社とは資本関係のない独立企業（第三者）を ABC 社のライセンシー（フランチャイジー）と

して起用し，フランチャイズ契約を締結することができるのです．マスターライセンス契約に基づき ABC 社が起用するライセンシーのことをサブフランチャイジーと呼ぶことがあります．

　ABC 社は，ロッキー社とのマスターライセンス契約に基づいて，契約締結後 3 年間の拡大努力の結果，日本国内と東南アジア地域でそれぞれ，100 店，70 店のフランチャイジーを指定し，対象食品のフランチャイズチェーンの営業に従事していました．ABC 社の社内外で，DNT 事業は ABC 社事業の三本柱のひとつであるという評価がなされていました．

　〈待っていた書留航空便〉　そんなある日，日高氏が東南アジアのフランチャイジーとの新規フランチャイズ契約締結交渉を終えて，久しぶりに東京・神田駿河台の本社に出社すると，デスクの上に，ロッキー社からの書留航空便が待っていました．

　開いてみると，驚いたことにその手紙は，ABC 社とのマスターライセンス契約の解除通知でした．「日本国内と東南アジア地域における DNT の販売に関わるマスターライセンス契約については，当初の契約期間の 3 年がもうすぐ終了しますが，ロッキー社としては自動更新をしないので，ご通知します」．

　〈自動更新条項〉　日高氏自身が締結契約交渉に加わった同契約の当初の契約期間は 3 年間でした．しかし，自動更新条項があったはずです．契約記載のフランチャイズ店舗拡大目標を順調にかつ十分にクリアしているのに，最初の期間が経過したからといって，どうして更新

しないなどということがありうるのでしょうか．ロッキー社も，ABC社も3年前の締結交渉には，長期的に考えてビジネスの拡大を行う意向を口頭で確認しあって，和気藹々とした交渉をしていました．当面3年間と定めた契約期間についても，幾度も更新を行っていくことを双方とも期待したはずでした．

　契約期間について日高氏は，契約締結のために相談し契約交渉の席にも参加させた専門家の言葉を覚えています．

「契約の当事者であるロッキー社と御社（ABC社）両社が長期的な契約関係を維持されるご意向なら，相手方の提案通り，「当初3年間，以降3年ずつ自動更新」という条項にしておいても，契約の継続には差し支えないと思います．自動更新条項にしておけば，更新の際，都度の契約作成の手間を省くことができ，便利です」

　自動更新条項とは，いったい何なのでしょうか．このような場合，更新拒絶などありうるのでしょうか．

## (3) エピソード③──ライセンス契約のロイヤルティー

　〈新入社員に与えられた課題〉　ABC社法務部の新人・飛鳥凛（仮名）に，上司の日高尋春氏から課題が出されました．ABC社がフランスのリンクス社から技術を導入するため，5年ほど前にリンクス社との間に締結したライセンス契約で，支払うべきロイヤルティーについて研究するようにというものです．あわせて，もし途中解除できるなら，解除通知案も作成するように，との指示でした．

　担当者の話を聴取しながら，リンクス社とのライセンス契約の締結経緯や現在の状況を調べてみました．契約

締結時（今から5年前）には，ライセンスを受けた技術情報について，リンクス社の特許権が5つほど生きていました．特許の有効期間中でした．しかし，5年経った今，特許のうち残っているのは，わずかに1つ，しかもその1つは，ABC社の関連会社の工場での製品の製造過程では，もはや使用されていません．その特許はいわゆる周辺特許ですが，あと4年ほど有効です．強いて言えば，実際にABC社の工場で使用されている技術情報といえば，ノウハウ（know-how）でしょうか．ライセンス契約に基づき，契約締結後まもなくリンクス社の技術指導員3名が来日し，3カ月にわたり工場建設と運営について日高氏たちにつきっきりで指導にあたって伝授してくれた情報です．当時は文字通り世界でも最先端の技術情報でしたが，5年経った現在では業界の専門家なら誰でも知っているのではないかという気がします．誰も公表していませんし，書籍に記載もなく，活字にはなっていませんから，公知であると証明するのは大変ですが…．このような情報はノウハウにあたるのでしょうか．それとも，公知の情報となって，いわゆるパブリック・ドメイン（public domain）として権利侵害のおそれを心配せずに，誰でも自由に使用できるものでしょうか．

　飛鳥は，ノウハウとパブリック・ドメインについて研究を始めました．使用していない特許と，パブリック・ドメインとなって誰でも無償で使うことができる技術情報だけだとすると，果たして当初の契約で決めた特許・技術情報使用料（ロイヤルティー）の支払いは必要なのでしょうか．もっといえば，このライセンス契約を維持していく必要性はあるのでしょうか．飛鳥凛は，大きな

問題にぶつかっています.

　〈特許期間満了のロイヤルティー計算への影響〉　飛鳥は,
まず, 5年前に締結されたリンクス社とのライセンス契
約を探し出し, コピーをとって, 辞書を引きつつ, 読み
始めました.

　ロイヤルティーでは, 年間ミニマム・ロイヤルティー
とランニング・ロイヤルティーの規定がありました. ラ
イセンス契約に基づいて許諾される特許と技術情報の使
用の対価として, 詳細にロイヤルティーの規定がなされ
ています. 5つの特許権が絡んでいるとしても, ランニ
ング・ロイヤルティーの規定だけ読むと, その内訳や,
いくつかの特許が期間満了で消滅したり一部の特許が無
効となった場合の減額についての規定は, 見当たりませ
ん. 相手方のリンクス社の提案通り受けたというのも原
因かもしれません. ひとつの特許あたりいくらとか, 技
術情報使用料としていくらとか, 内訳の金額は規定され
ていません.

　次に, 有効期間の規定を読み始めました. 最後の特許
の期間が満了し消滅するまで本契約は完全に有効とする
という趣旨が書かれています.

　〈ロイヤルティーの計算は?〉　このような状況で, ロイ
ヤルティー全額をあたかも5つの特許がすべて生きてい
て, しかも最新の技術情報の開示, 指導を受けて工場の
操業を始めた初年度と同額を支払い続けるのは, ABC
社にとってあまりにも不利ではないか, と飛鳥は思いま
した. しかし, そのロイヤルティーを減額できるという
根拠となりそうな規定はリンクス社とのライセンス契約

書のどこを探しても見当たりません．どうしたらいいの
でしょうか．

　この課題は，新人には少し肩の荷が重いように思われ
ます．あなたならどうしますか．日高氏は厳しい新人教
育者として通っていて，もともと簡単に解答の見つから
ない課題を新人に与えて鍛えるのだそうです．その後，
飛鳥が日高氏にどのようなレポートと提案書を提出した
のか，日高尋春氏がどのように飛鳥を指導したのか，そ
して，ABC社がリンクス社に対してどんな手紙を出し
たのか，私は興味があります．いつか日高氏に会ったと
きに，どのように本件を進めたのか聞いてみたい気がし
ます．しかし，日高氏は，ユーモアを大事にする方だか
ら，きっと「山本さん，それはトレード・シークレット
…」と言われるような気がしています．


## 2　英文契約書を読む際の留意点

### （1）契約書の読み方はなぜ大切か

　前節の3つのエピソードは，いずれも相手方が作成し
提示してきた契約書案は，自社から提案して提示する場
合と比べて注意すべき点があるということを，あなた自
身に感じていただければと考えて紹介しました．

　自社から提案する契約書は，たとえ英語を母国語とす
る国の企業に比べて表現がつたないものであっても，ま
た所々言語やつづりが不適切であっても，規定しようと
する条件・内容については，すべて当方が理解し了解し
ています．当方がびっくりするような条件や，聞いたこ
ともない当方側のみに不利な条件が入るわけがありませ

ん．

　しかし相手方から提示される英文契約書案には，相手方にとっては当然あるいは合理的と考えられる条件でも，当方には思いがけない条件が規定されていることがあります．欧米に比べれば長期的な取引と信頼関係に重きを置き契約に依存しない日本社会と，契約に大きな比重を置く契約社会である欧米諸国の企業との間には考え方の相違があることが少なくありません．理解できない条件もあるでしょう．それは，英文契約には，日本社会ではなじみのない契約条件，表現や考え方があるからです．

　〈相互の信頼に重点を置く日本の契約書〉　日本での取引では相手方との話し合いを重視します．契約履行過程でも紛争発生時でも，その都度，誠実に話し合って解決していこうという傾向や習慣がある業界も多いでしょう．相手方を契約で縛るという考え方がそもそもないという面もあるでしょう．だいたいの契約条件は口頭で確認しあい，契約書はむしろ，最後に事務手続のために作成されるということもあります．私も国内の契約では，以前よく，「契約代金の支払時期が近くなったので，そろそろ契約書をつくってほしい」と協力を求められたことがありました．請負契約でもそうでした．

　〈詳細条件を明確化する英文契約書〉　しかし，英文契約書では大半が国際契約であるということもあって，互いに詳細に契約条件を確認することが重要になってきます．特に相手方の提案する契約書の内容・条件については，うっかりすると当方側のものと大幅に異なることが

あります．相手方とは，取引を通じて双方が利益を得る
のが普通ですから，利害が共通の面もあります．しか
し，いったん思いがけない事態が起こると，立場の違い
から利害が対立することも多いのです．

　相手方が作成した英文契約書を読むには，当方から提
案する場合と異なった取り組み姿勢と対処方法，読み方
の技術が必要となります．

## (2) 契約書の条件は，当方の理解と一致しているか

　英文契約書を読むには，いくつかしなければならない
ことがあります．

　最初に確認すべきことは，相手方提案の契約書案で規
定された取引条件が，当方が相手方と合意したと理解し
ている条件，あるいは合意したいと考えている条件と一
致しているかどうかです．契約交渉をして概ね契約条件
に合意したとしましょう．相手方に契約書案の作成（ド
ラフティング）を任せたとします．欧米企業では，その
法務部門や社内外の弁護士の指導を受けます．その指導
に基づき，契約書について自社の権益の保護を重視し
て，思いがけない一方的な契約条件や，当初合意したは
ずの契約条件・内容から乖離した条件を記載してくるこ
とがしばしばあります．

　〈フェア（公正）な交渉態度と厳しい条件〉　米国や英国
の企業などの場合，たとえ契約書中に相手方に厳しい条
件を規定しても，その規定の仕方がフェアである限り，
恥ずべきものではないという考え方があります．これは
本書中でも後述しますが，品質や適合性に関わる条件な
どの場合によく表れます．大文字で相手方に目立つよう

に提示する以上，相手方に厳しくてもフェアであるという考え方です．アメリカ統一商事法典（U.C.C.）が規定する考え方でもあります．

　日本側にとっては，もう口頭で合意したと考えている状況でも，曖昧な契約条件である場合は，相手方は，契約条件の記載の仕方が目立ちフェアである限り，たとえば品質についての適合性などを排除してもおかしくないと考えます．実際，契約交渉が終わったと日本側が考えている段階で，うっかりしていると，いわゆる契約の書面化の段階で，細部についての実質的な契約条件の修正が一方的に行われたりしかねないのです．びっくりして相違を相手方に指摘すると，「口頭で詳細を決めていない条件について明確化を図ろうとしただけである」というのが相手方の説明なのです．本書では，このような表現，たとえば，アメリカ統一商事法典に基づき，米国企業やグローバル企業が日常的に使う様々な契約表現や語句を使った例文の紹介に力を入れています．

## (3) 条件に関する表現が一致しているか

　英文契約書を読むには，次に自社が希望する条件についての契約上の正確な表現の仕方を修得し，相手方の契約書案の表現がその表現と一致しているかを確認する必要があります．

　たとえば，エピソード③で紹介したABC社の法務部・新人担当者の飛鳥凛が，相手方であるカリフォルニア州のKVC社との間で，ABC社がKVC社の繊維製品について日本における独占的なフランチャイズを締結する契約交渉をしていたとします．驚いたことに，相手方から提示された契約書案にABCを "non-exclusive

Franchisee" に指定すると規定されていたとしましょう. 飛鳥凛はびっくりして, これでは独占的なフランチャイジーになることができないと考えて, 相手方に "non-exclusive" という用語を削除するよう要求します. 相手方がそれを受け入れて削除したとします. 日本側の理解する条件, つまり, ABC 社は, 日本における独占的なフランチャイジーになることができたのでしょうか (エピソード④).

この場合, 単に「非独占的」という用語を削除しただけでは, 意味が全く変わりません.「独占的」を意味する "**exclusive**" という表現を修得する必要があります. 相手方に対して, 単に "**non-exclusive**" という用語を削除するだけでなく, "exclusive" という用語を加えた表現に変えるよう要求することが不可欠です.

結局, 相手方の英文契約書を正確に読み的確に対処するためには, 英文契約で使用される基本的な表現方法, および表現に使用される用語を修得することが大事になってきます. 本書では, 英文契約書上頻繁に使用され, 重要と思われる様々な表現を選び出し, 例文とともに丁寧に紹介していきます.

## (4) 知的財産の取引では読み方は特に慎重に

知的財産のライセンス契約など, 形なきもの (いわゆる無体財産) の取引に関わる英文契約書では, その読み方が特に重要であり, その内容・条件の確認については慎重であることが要求されます.

〈動産等の売買契約は目に見える〉 動産等の売買契約では, 契約に基づきその動産の引き渡しが行われ, 引き換

えに対価つまり商品代金が支払われます．契約の一番重要な核に，契約で取り決めた動産の引き渡しと代金の支払いという目に見える部分があります．引き渡しの後，相手方（売主）が倒産しても，契約対象となる動産の引き渡しを受ければ買主は一安心です．もちろん，保証など付随的な義務は残りますが，契約の重要部分の履行がなされたかどうか，両当事者にとってわかりやすい取引といえます．

〈知的財産のライセンス契約は，丁寧かつ正確に読む〉
トレード・シークレットや特許権，商標権，そしてソフトウエアなど著作権の知的財産のライセンス契約では，相手方の提案してくる契約書案の内容・条件については，動産の契約などに比べていっそう慎重に，丁寧に，正確に読むことが大事になります．なぜなら，たとえばライセンス契約の対象である知的財産の定義やその使用態様，使用地域，使用許諾期間，更新条件，使用についての独占権の有無などが正確に規定されていなければ，契約の履行過程でいったいどういう取り決めがなされており，どう対処していいのか，わからなくなることが少なくないからです．冒頭のエピソード③（フランスのリンクス社とのライセンス契約）での問題も，簡単には解答が見つかりそうもありませんでしたね．

〈工場を海外に移転したらどうなるか〉　商標のライセンスのケースを取り上げましょう．カレン・ビュー社（KVC社）の商標について，オーロラ・ボレアリス・コーポレーション（ABC社）は，日本における製造・販売について衣料に独占的に使用する権利を許諾されたと

します．ABC社または，その製造委託先企業が，賃金等生産コスト上昇を理由に日本での生産を止めて東南アジアに工場を移転したとします．東南アジアの子会社，あるいは合弁会社で，ライセンス生産を行い，輸入し，日本国内で販売することは，契約上できると読むことができますか．生産地域が日本国内だけと規定されていると，日本国外では生産できません．日本国内での製造・販売だけが許諾されている場合も，大差ないでしょう．何のために高いイニシャル・ロイヤルティーやミニマム・ロイヤルティーを支払う契約条件でライセンスを獲得したのか，わからなくなってしまいます．では，KVC社の中核的な商標が，社名（商号）変更や合併のために変わってしまった場合，ABC社はどのような対処ができるでしょうか（エピソード⑤）．

**〈ライバル社の圧倒的な好調で販売できなくなったとき〉**
さらにトレード・シークレットやソフトウエアのライセンス契約を取り上げてみましょう．契約締結後わずか1年で，ライバル社のトレード・シークレットやソフトウエアが圧倒的な革新的なデザイン・品質の開発，マーケットでの伸張を行ったため，ライセンス契約で当初予定した販売が全く停滞してしまったとしましょう．そのような場合，ABC社はどのような対処ができますか（エピソード⑥）．たとえば途中解除，ミニマム・ロイヤルティーの引き下げなどができますか．ライバルとなる知的財産の登場で市場が激変することは，様々な商品・技術で経験しています．デジタルカメラの登場とフィルムカメラの苦戦もそのひとつといえないでしょうか．マイクロソフト社のWindowsの登場やWordの開発による

ライバル社の製品の苦戦も思い浮かびます.

　ABC社やエルノックス社, あるいはあなたの会社が, このような状況に遭遇したとき, 飛鳥凛 (ABC社), 高瀬史音氏 (エルノックス社) やあなたの手元に届いている相手方の契約書案では, どうなるでしょうか. 相手方にとって都合のいい条件ばかりが規定されているのでは困ります.

## 3　　契約書の英語を読むために

### (1) 基本構文と基本用語を修得する

　契約書に使用される英文には, 構成・文体・用語などいくつかの点で際立った特徴があります. そのために, 英文契約書を読むには苦労が多い反面, その特徴と基本的な表現を理解・修得さえすれば, 英文契約書を読むことは, 決して難しくはありません. 英文契約書は詳しい規定が多く文章が長いため, 一見, 近寄りがたく見えます. しかし, 別の角度から見れば, 将来起こりうる様々な事態に対して適用されるルールがあらかじめ詳細に規定されているわけです. そのため漠然とした曖昧な規定は少ないのです. 詳細な規定だけに, 1つひとつの規定は趣旨やねらいがはっきりしていて, 個々の規定について解釈が明確であり, 紛争が起こったときには, 明確な解答を提供することを意図しています.

　したがって英文契約書は, その構文と基本用語さえ修得すれば, むしろ, その意味やねらいを特定することが容易です. 本書では, 契約書に使用される英語・英文の主な特徴を, その使用例, 留意点と対応策とともに紹介

します.

## (2) 契約専門用語に慣れる

英国，米国，豪州・旧英国領の諸国や国際取引で使用される英文契約書には，リーガル・ジャーゴンと呼ばれる独特の語彙，表現があふれています．通常の英文レターや会話では，なじみのない用語です．また，同じ語彙が別の意味で使われることもあります．商談の段階では一度も出てこなかった用語が，その商談内容をまとめるために作成したはずの契約書のドラフト（草案）にあふれていることもあります．新人ビジネスパーソンや初めて英文契約書を読んだ人が驚かされる点です.

現実の国際取引では，相手方がドラフトを作成して提示し，当方に対してサインをするか，カウンター・ドラフトを提示することを求めてくることが多いでしょう．カウンター・ドラフトとは，反対提案・代替案・代替条件の提案をいいます.

一般の文書・会話には使用されることがほとんどないのに，契約書に頻繁に使用される用語には，たとえば，次のような語句があります．whereas, therefore, witnesseth, in consideration of, hereunder, inter alia, pro rata....

契約書に使用されるのはシェイクスピアの時代のような古めかしい法律・契約書上の表現，ラテン語に起源のある用語，役所・ビジネスに特有の専門用語など様々です．同じような用語を繰り返して使う言い回しもあります．英国がいくつかの異なる民族・文化が作り上げた歴史を持つ国であるために，ひとつの言語に統一しきれていない結果ともいえるでしょう．これらの英文契約に独

特な用語，用法，言い回しも，その1つひとつの意味を
知れば少しも難しくはありません．

　2章からは，あらゆる契約に共通に，しかも頻繁に登
場する代表的な専門用語・表現のいくつかを紹介しま
す．その後，実際にどのように使われるのか，契約の条
項やフレーズと一緒に紹介していきます．条項で読むの
は，一見，単に語彙で説明を読むより大変そうですが，
実際は逆です．契約の専門用語の読み方については，現
実にどのように使用されるのか，その実例の例文・文脈
から理解していくのが一番わかりやすく，印象に残る修
得方法なのです．トレーニングのつもりで，2回，3回
と読み流し，覚えた表現を確認していく方法もありま
す．英文条項のすぐ後には和訳が控えていますから，安
心して読み進んでください．

　本書では，前半（2〜5章）で基本的な法律英語，契
約書に頻繁に使用される語句，英語表現を例文を活用し
て説明し，後半（6〜8章）では知的財産のライセンス
契約について，その条件と表現をライセンサー・ライセ
ンシー双方の立場に立って解説します．

　なお，様々な契約で共通して使用される定義条項，契
約期間条項，準拠法条項，仲裁条項，秘密保持条項とい
った一般条項については，拙著『英文契約書の書き方』
（日経文庫）や『英文ビジネス契約書大辞典〈増補改訂
版〉』（日本経済新聞出版社）をご覧ください．すべての
例文に対訳をつけて紹介しています．

# 第2章

# 英文契約書の
# 基本用語に慣れる

## 1 契約書の英文の特徴

### (1) リーガル・ジャーゴン，契約専門用語への対応

　アメリカでは，1970年代の初め，リーガル・ジャーゴンや契約専門用語があふれたわかりにくい契約書に非難の声が上がりました．消費者・一般人を保護しようとする観点から，**Plain English**（プレイン・イングリッシュ）を使って契約書を作成しようと提唱されました．一部の州では，消費者保護法の一環として立法化されました．ビジネス取引の世界でも，やさしい表現の契約書も見られるようになってきました．しかし，わかりやすい契約書への移行は，まだ緩やかなスピードでしか進んでいないのが実状です．実務に携わるロイヤー（lawyer）の長年の習慣を変えるのは，容易ではありません．企業間の契約書では，印刷されたフォームをはじめとして，まだまだ古い表現の契約書が幅を利かせています．契約文書特有の慣用的表現・用語の中には，同じ意味を持つ他のわかりやすい表現・用語に置き換えるのが難しい場合があります．

　英文契約書で使われるこれらのリーガル・ジャーゴンや契約専門用語は，読んでその意味を理解すると同時に，自分が使う場合は，できる限りやさしい表現にするよう努めることでしょう．ビジネス担当者にとっては，適切な代替的なやさしい表現がなければ，専門用語に慣れるしかありません．

### (2) 厳格・網羅的な表現のねらい

　英文契約書は，英米法の**口頭証拠排除原則**（**parol**

evidence rule）や最終性の完全合意条項（**entire agreement clause**）という書面契約重視の考え方・習慣に基づいて，なるべくすべての事項について，完全に網羅して取り決めておくという方針で作成されます．

　話し合いを重んじ，共通の文化・価値観を有する日本の契約書では一般的な「本契約に規定なき事項は，両当事者間の誠実な協議により取り決め解決する」という条項に，国際取引では頼ることができません．英文契約書を作成するときは，協議してもどうしても解決できない場合に備えて契約書で取り決めるのだという考え方に基づき，すべての事項につき，例外的な場合も想定して，完全に文章化しようとします．

　そのため，国内取引用に日本語で作成された通常の契約書と比べると，国際取引のために作成される英文契約書は，表現が厳格・網羅的で，ひとつの文，ひとつの条文（article）が長く，条文数も多くなります．結果として，契約書全体が長くなる傾向があります．あらゆるケースの具体的・完全な例示，厳密な事由の列挙，義務・責任範囲とその限界の明確化をねらって規定するからです．

## (3) 厳格・網羅的な表現の効用

　厳格・網羅的な表現については，前向きに取り組む方がよいでしょう．契約締結の手間はかかっても，将来の契約履行過程で起こる様々なケースにつき，当事者同士の権利・義務を，あらかじめ契約書に取り決めておけば，ビジネスをスムーズに進めることができ，様々な事態に陥ったときにもどう対応したらよいか予測が立ちます．リスクの予測や確認の手段にもなりますから，その

リスクを予防したり，または保険をかけたり，価格に転嫁したりして，そのリスクを吸収する手立てを講ずることもできるでしょう．

　非英語圏の国の客先などとの取引で，自分でドラフトを作成する場合には，契約書の構成・見出し・添付別表（**exhibit**）などを工夫します．また，契約にとって，本当に重要な主要条件とそれ以外の**一般条項（general terms and conditions）**を分けて見やすくしたり，思い切ってあまり重要でない事項を削除して短くするのもよい方法でしょう．

　また，英文契約書では，"which"などで，その前に出ていた言葉や文を受けて，延々と文章が長く続いていることがあります．用語の反復を避け，条文全体を短くする効果がある反面，ひとつの文章が長くなり，つながり具合がわかりにくくなります．文章をなるべく短く切ったり，分けたり，小さな項目番号の追加などを工夫して，同じ内容をなるべく短い文章で表現するようにします．

### (4) 契約書の時制——現在と未来

　契約書の英文のきわだった特色のひとつはその時制です．**販売店契約（distributorship agreement）**や**ライセンス契約（license agreement）**の中心となる冒頭の規定でいえば，distributorに指定（hereby appoint[s]）したり，ライセンスを許諾（hereby grant[s]）する規定は，述語（動詞）が現在形です．ただ，契約書の大半は，これから（未来）に関わる権利・義務の履行とその問題への対処方法を定めるものです．

　義務を規定する基本形は，"shall"です．"agree[s] to"

という用語を使うこともできます。"shall ..." は、「…しなければならない」「…するものとする」、"agree to ..." は、「…することに合意する」「…することに同意する」と訳すことができます。どちらも義務を規定するものです。

権利は、"may" と "shall have the right to" で表現できます。慣れないうちは、否定は単純に、「not」を使って表現すればよいのです。文章の冒頭に "no"、"neither" を使って表現するのはスタイリッシュで格好がいいのですが、間違って二重否定にしてしまうこともあります。"neither" などを使って格好のいい表現をしようとするときは、二重否定にならないよう注意しましょう。

また、英文契約書の特徴として、将来起こりうる様々な事態を想定して列挙して、それぞれのケースにおける双方の権利・義務を詳細に書くのが、典型的なスタイルになっています。

"in the event that" "on the occurrence of the following events" "if" "in case" で始まる条項がその例です。

## 2　基本的な構成と基本的な用語・表現

冒頭から最後の結語までの英文契約書の構成で頻繁に使用される契約用語と典型的なスタイルの、例文と和訳、その読み方を紹介しましょう。ここでいう英文契約書の読み方とは、それぞれの各条項や例文の意味（和訳）とその各条項に託されたねらいを読むことを指しています。

## (1) witnesseth

「証明する」を意味します．英文契約書に特有の古風な用語・表現です．契約書で使用されるときは，主語は「契約書」であることが多いのです．具体的には，"This Agreement ..." "This Contract ..." の後に，述語として登場します．その文書が作成される目的が，witnesseth という語句の後に続きます．英文の契約書を初めて見た新人が，**"in consideration of"** **"whereas"** とともに，まっさきに驚かされる言葉です．

文法としては，「witness」（証明する）が動詞で，末尾の「eth」は，古い語法で「es」です．英文法の基礎知識のいわゆる三人称・単数・現在の「s」「es」です．

### 例文1　witnesseth を使った例文…一般契約；合弁事業契約

This Agreement, made and entered into as of the first day of June 20 ___ ("the Effective Date") by and between Karen View Corporation, a California corporation, having its place of business at 100 California Street, San Francisco, California 94100, U.S.A. ("KVC"), and,

Aurora Borealis Corporation, a Japanese Corporation, having its place of business at x-x, Kanda Surugadai 1chome, Chiyoda-ku, Tokyo, Japan ("ABC").

WITNESSETH:

WHEREAS, KVC has developed know-how and patents in the Products as defined herein; and

WHEREAS, ABC and KVC have agreed to organize a joint venture company to manufacture and sell

Products in ＿＿＿＿ ;

**訳**　米国，94100，カリフォルニア州サンフランシスコ，カリフォルニア・ストリート100に主たる事務所を有するカレン・ビュー・コーポレーション（「KVC」）と，日本，東京都千代田区神田駿河台1丁目x-xに主たる事務所を有するオーロラ・ボレアリス・コーポレーション（「ABC」）との間に20＿年6月1日（「発効日」）に締結された本契約は，以下を証明する．

　KVCは，本契約中で定義する本製品に関してノウハウと特許を開発した．

　また，ABCとKVCは，＿＿＿＿で，本製品を製造・販売する合弁会社を設立したいと希望している．

## (2) whereas

「…なので」という意味です．"**as**"と同じです．英文契約書では，契約書の冒頭で，契約の当事者（parties）の紹介に続き，契約の当事者がなぜ契約を締結するに至ったのか，その背景，経緯や動機・目的を説明する条項が置かれることが多いのです．例文1で使われているように，その説明条項の各文章の頭に使われるのが，"whereas"という言葉です．慣習としてwhereasという用語が広く使われるため，実務上，その説明条項のことを"**whereas clause**"（**ホエアラズ条項**）と呼んでいます．Whereas条項は，契約書の前文（**preamble**）の一部であって，契約書の本文ではありません．そのため，通常，契約の一部としての拘束力（binding power）はありません．この場合の拘束力とは，"**legally binding**"（**法的な拘束力がある**）かどうかの問題です．契約書は，

両方の当事者（parties）の意見・解釈が契約の履行や契約上の合意の有無をめぐって対立した場合に，裁判や仲裁で役立つように作られるものです．

斬新な契約書のスタイルでは，whereas を使う代わりに，"**recital**"（リサイタル）という用語を使うことがあります．リサイタルとは，「契約の背景・経緯の紹介」をいいます．音楽の発表会・コンサートのことではありません．実務上，whereas で始まる条項のことをリサイタル条項と呼ぶこともあります．実際の契約中では，WHEREAS や RECITAL の文字を全部，大文字で表示することもあります．頭文字のみを大文字表示し，Whereas，Recital とすることもあります．どちらも正しい表現方法です．

## (3) party

契約の「**当事者**」を "**party**" といいます．同じスペルでも，楽しいパーティーのことではなく，契約を締結する人・企業を指します．

契約の両方の当事者を総称するときには，"the parties hereto" "the parties to this Agreement" といいます．「契約の当事者」というときには，"the parties of this Agreement" とはいわないので，注意しましょう．例文1でいえば，KVC 社と ABC 社のどちらも party です．"here" は，この書類，すなわち，契約書では「本契約書」を指すことが多いのです．

**例文2**　party を使った例文…一般契約

NOW, THEREFORE, the parties hereto do mutually agree as follows:

## ARTICLE 1 SCOPE AND DEFINITIONS

**訳**　　そこで，本契約の両当事者は，以下の通り，互いに合意する．
　第1条　範囲と定義

### (4) consideration

　"in consideration of ..." とは「…を約因として」という意味です．契約書の締結にあたり，契約の当事者の双方が互いに相手方に対しどのような義務を負担するか，そのポイントを簡単に記載します．たとえば商品の売買であれば，売主による商品の売り渡しの約束と買主によるその代金の支払いの約束です．

　このような記載をするのは，英米法では契約紛争が発生したとき，"**consideration**"（**約因**）がない契約については，契約当事者（parties）が訴訟を提起しようとしても，裁判所は取り上げないからです．約因がなければ，訴訟を通じて，相手の約束の履行を求め，**執行**（**enforcement**）をさせることが期待できません．consideration は，英米法に特有の概念です．イタリア，フランス，ドイツ，オランダ，ベルギー，スイス，日本など，いわゆる大陸法（civil law）系の国々の法制にはない概念です．

　サービス提供契約であれば，サービス（役務）の提供の約束とその対価を支払う約束が互いに約因になります．ライセンス契約であれば，知的財産の使用許諾とロイヤルティー（royalty；使用料）の支払いの約束が互いに約因になります．融資契約であれば，元本の融資と金利の支払いの約束が典型的な約因でしょう．

　ところが，取引の一方が，一方的に差し入れる
**"Letter of Guaranty"**（保証状）では，「約因」が何であ
るかを注意深く記載するか説明しないと，いざというと
きにその保証状の**受益者**（**beneficiary**）が，**保証人**
（**guarantor**）に対して保証債務の履行の請求をしても，
裁判所がその執行（enforcement）を認めないことにな
りかねません．保証人には，受益者からどのような約束
や対価を約因として得ているかが，簡単には見つからな
いからです．英米法のもとでは約因がなければ，保証状
は裁判所によって執行を求める書類にはなりません．そ
のため，保証状の文言の表現に工夫を凝らして約因を作
り出します．そのような背景を理解すると，英文で書か
れた保証状を読むことができるようになります．

　ただし in consideration of は，前後の文脈によって，
例文4のように「約因として」とは別の意味で使われる
こともあります．「の対価として」「の見返りに」という
意味の場合です．

**例文3**　　in consideration of（約因）を使った例文…
一般契約

NOW, THEREFORE, in consideration of mutual
promises and covenants as hereunder set forth, KVC
and ABC agree as follows:

**訳**　　そこで，本契約に定める互いの約束と誓約を約
因として，KVC と ABC とは次の通り合意する．

### 例文4　in consideration of（対価）を使った例文…サービス契約

> In consideration of Miss Karin Nagami's services, KVC shall pay to Aurora Borealis Corporation ("ABC") a fee of thirty-five thousand United States dollars (U.S. $ 35,000) <u>per annum</u> for each twelve month period, or the proportion thereof, during which such services are performed.

**訳**　永見果凛の役務の対価として，KVCはオーロラ・ボレアリス・コーポレーション（「ABC」）に対し，サービス提供の期間中，各12カ月間につき年額3万5千米ドルの報酬，期間が12カ月に満たない場合は，その割合に応じた金額を支払うものとする．

**解説**　受身の表現を使って表すこともあります．"ABC shall be paid by KVC ..." となります．ABCがその社員の永見果凛をKVCに派遣して，サービスを提供して，対価を受け取るというビジネスを前提としています．

### (5) hereof; hereto

「この契約書の」「本契約書の」という意味です．契約書では，here は「この契約書」「本文書」を指します．"hereof" は，丁寧に記載すれば，"of this Agreement" "of this Contract" となります．同様に，hereto は，"to this Agreement" "to this Contract" という意味です．たとえば，契約書に別紙（exhibit）を添付するときに **"the Exhibit attached hereto"**（本契約に添付の別紙）等と

使います.

　here は，必ずしも，契約書全体を指すだけとは限りません．その契約書の特定の条項（たとえば Article12；第 12 条）のサブ・パラグラフ（12．3 項）で使用するときには，その元となる規定（this Article；本条）を指します．添付書類のことを **Appendix**，**Attachment** あるいは **Schedule** ということもあります．いずれも意味は同じで，添付書類，添付別紙のことです．

## (6) thereof

　契約書の中で，別の契約書や文書について規定を記載したり，別の事項を引用することがあります．そのような場合に，もう一度その契約書や文書を引用するときに，省略して，there という用語を使うことがあります．丁寧にいえば，"of that Agreement" "of that document" です．「その契約書の」「その書類の」という意味です．

## (7) hereby; hereunder

「本契約書によって」「本文書によって」という意味です．契約書や，**委任状（power of attorney）**の文中で頻繁に使われます．委任状で使われるときは，"by this Document（power of attorney)" という意味です．契約書で使われるときは，"by this Agreement" という意味になります．同様に hereunder は，"under this Agreement" です．「本契約のもとで」「本契約書上」という意味です．

例文5　　**hereunder を使った例文…ライセンス契約**

The license and all of ABC's rights hereunder are

> personal to ABC and may not be assigned by ABC without the prior consent of KVC.

**訳**　本契約に基づくABCのライセンスとすべての権利は，ABC限りのものであり，ABCは，KVCの事前の同意がない限り，かかるライセンスと権利を譲渡することができない．

**解説**　文中の "personal" は "personnel" と混同して使われることがありますが，全く異なります．personnel は人員です．personnel department は人事部です．

## (8) execution of this Agreement; execute this Agreement

「本契約書の調印」という意味です．"**execution**" には，確かに執行の意味もありますが，この文脈では調印・署名を指します．初めて国際契約を担当した新人は，「本契約の履行（performance of this Agreement）」「本契約の実行」と受け取ることがありますが，そうではありません．execution of this Agreement という使用例では，あくまで「署名」「調印」であって，履行ではありません．同様に，"execution of this Power of Attorney" は，委任状の調印・署名を指します．代理人（attorney in fact）による代理権の行使ではありません．

　契約書には，execution of this Agreement の日を起算点として，代金の支払期限を規定したり，契約期間を定めることがあります．解釈の違いから紛争が発生したりします．細心の注意を要する点といえるでしょう．ただ，まぎらわしいことに，義務や判決という言葉と結びつけて execution が使用される場合には，「実行」「執行」を

意味することがあります．たとえば，"execution of death penalty" は死刑の執行という意味になります．注意を要する点です．実務上，この execution の意味や解釈紛争を防ぎたいときは，代わりに signing（署名），sign（署名する）を使えばいいのです．

> **例文6** **execute を使った例文…一般契約**

IN WITNESS WHEREOF, the parties have executed this Agreement as of the date first above written.

**訳** 　本契約の証として，契約当事者は，契約書の冒頭に記載の日をもって本契約を調印した．

**(解説)** 上記例文 6 を "sign" を使って表現することができます．

"IN WITNESS WHEREOF, the parties have caused this Agreement to be signed by their duly authorized officers as of the day and year first above written."

「本契約書冒頭に記載の日をもって当事者の正当に授権された役職者により，署名せしめた」という趣旨で同義です．

## (9) made and entered into

「（契約書を）作成する」ことを "**make**" "**enter into**" といいます．契約書が作成されたことを表現するために，"made and entered into" という言い回しがされます．

　日本語の和文契約書では，契約の日付は契約書の最後に記載する習慣がありますが，英米等外国との英文契約書では，契約日付は契約書の冒頭に記載するのが慣習となっています．

**例文7**　**made and entered into を使った例文…一般契約**

> This Agreement is made and entered into this first day of June, 20＿ between Robin Hood & Co. Ltd. of ＿＿＿＿＿＿＿＿＿ and Aurora Borealis Corporation of ＿＿＿＿＿＿＿＿＿ .

**訳**　本契約は, ＿＿＿＿＿＿＿＿＿ のロビン・フッド株式会社と ＿＿＿＿＿＿＿＿＿ のオーロラ・ボレアリス・コーポレーションとの間に20＿年6月1日に締結される.

## 3　不可抗力条項とその基本的な用語・表現

　この節では, 多くの契約に関わりのある不可抗力条項について, その基本的な用語と表現を紹介します. 金銭債務の履行など一部の契約では, 不可抗力をもってその抗弁とすることができないと規定される場合があります. 不可抗力事態が発生したとき, 契約の当事者はどのように対応すべきか, またどのような責任やリスクの分配がなされるか, 非常に困難な問題と直面します. 当事者がどのように対応しても, なお契約を締結したときの意図や期待と大きくかけ離れた結果をもたらすことがあるからです.

## (1) including, but not limited to

「…を含むが，それに限定されない」という意味です．例示するときに使う表現です．たとえば，**不可抗力**（**force majeure**）事由を列挙するときに使います．我が国の慣習からすると，including といえばそれだけで十分な気がします．日本では，類似の事態が発生した場合，その規定の趣旨からいって類推適用を行うことがより合理的だと解釈される余地があります．あくまで例示にすぎず，解釈を助けるための列挙であって，制限するものではないと解釈することも可能だからです．しかし，英米法の感覚では，列挙した事由以外の事態が発生した場合，たとえそれが類似の事態であっても，その規定が適用されなくなるおそれがあります．制限的な列挙と解釈する方法です．たとえば，不可抗力事由として「戦争（war）」が列挙されていても，**宣戦布告**（**declaration of war**）がなされない「紛争（conflicts）」や**敵対行為**（**hostilities**）の発生には適用されないことがあります．歴史を見れば，1950 年代のスエズ動乱（エジプト，イギリス，フランス）も，1960 年代のベトナム戦争（北ベトナム，南ベトナム，アメリカ）も戦争と呼ばれていますが，法的には正式な戦争としての宣戦布告はなされていません．したがって，法的に厳密にいえば，宣戦布告を伴わない限り「戦争（war）」に該当しません．そのため，類似の事態を広くカバーしたいときは，war に加えて，warlike conditions や hostilities, riots もリストアップします．近年では，テロ行為も加えることがあります．

　また，戦争とは別の話になりますが，一般の契約で契約違反や破産等に伴い契約解除権が発生するケースの列

挙の場合にも，"including, but not limited to" というフレーズが愛用されています．同じ場面で，"**including without limitation**" という語句が使われることもあります．ねらいと意味は，including, but not limited to と同じです．代替して使うことができます．

**例文8**　including, but not limited to; including without limitation を使った例文…一般契約

Neither party hereto shall be liable to the other party for failure to perform its obligations hereunder or individual contracts due to the occurrence of any event beyond the reasonable control of such party, third parties employed by such party to render all or any part of Services, and affecting its/their performance, including without limitation, governmental regulations, orders, or guidance, act of God, war, warlike conditions, hostilities, civil commotion, riots, acts of terrorism, epidemics, fire, strikes, lockouts or any other similar cause or causes.

**訳**　いずれの当事者も，当該当事者またはサービスの全部もしくは一部を提供するために当該当事者により起用された第三者の合理的な制御を超え，かつ，当該当事者／第三者の履行に悪影響を与える事態の発生により，本契約または，本契約に基づく個別の契約の履行を行うことができない場合は，いずれの当事者も，他の当事者に対して当該不履行につき責任を負わないものとする．上記の事態は，政府の規制・命令または指導，自然災害，戦争，戦争と類似の状況，敵対行為，内乱，騒

乱，テロ行為，疫病，火災，ストライキ，ロックアウト
または他の類似の原因あるいはそのような複数の原因等
を含み，それに限定されない．

## (2) force majeure
「不可抗力」という意味です．地震，台風，戦争，津
波，ゼネスト，革命，内乱など契約の当事者のいずれに
もその責任を帰することができない事由によって契約が
履行できない場合や履行が遅延する場合に，その当事者
を契約違反・債務不履行にあたらないとして免責する規
定を置くときに，「不可抗力」による履行の遅延かどう
かが問題となります．不可抗力にあたる事由により遅延
した場合には，契約違反による損害賠償の責めには問わ
れません．はたして，そのような免責の根拠となる不可
抗力が発生したかどうか，その影響のために契約履行が
遅延または不可能になっているのか，因果関係の有無が
重大な問題になります．不可抗力の列挙の仕方が不十分
だと，実質的に不可抗力と同じような契約履行上の困難
が発生しても，免責されるかどうか，決定できなくなっ
てしまいます．
　エジプトとイギリス・フランス間の衝突によるスエズ
運河の閉鎖事件（1956年）をもとに，フラストレーシ
ョン（frustration；契約の消滅），フォース・マジュール
をめぐって争われたことがありました．契約書に「戦争
条項（不可抗力）」の記載があったものの，スエズ動乱
における空爆は宣戦布告を伴わないものでした．そのた
め，戦争（war）にはあたらず，不可抗力として免責が
されませんでした．
　このような判決の存在が，実務界において印刷フォー

ムや契約書で不可抗力事由の列挙が長くなりがちな背景にあるといえるでしょう.

**例文9**　**force majeure を使った例文…一般契約**

Neither party will be deemed in default of this Agreement to the extent that performance of any obligation or attempts to cure any breach are delayed or prevented by reason of any act of God, fire, natural disaster, accident, shortage of material, or any other cause beyond the control of the affected party ("Force Majeure"), provided that the party affected by such Force Majeure event ("the Affected Party") gives the other party a written notice thereof promptly and uses its good faith and reasonable efforts to cure the breach.

In the event of such a Force Majeure, the time for performance or cure will be extended for a period equal to the duration of the Force Majeure.

**訳**　　いずれの当事者も, 義務の履行またはその違反の是正が天災, 火災, 自然災害, 事故, 資材の不足または影響を受けた当事者の制御を超える他の事由（「不可抗力」）によって, 遅延または妨げられたときは, かかる不可抗力により影響を受けた当事者（「影響を受けた当事者」）は, その限度において, 不履行に陥ったとみなされないものとする. ただし, 影響を受けた当事者は相手方当事者に対し, 書面により通知を迅速に出すものとし, かつ, その違反を是正するために誠実で合理的な努力を払うことを条件とする.

　不可抗力発生の場合，履行と違反の是正の期限は，不可抗力の期間と同じ期間，延長される．

## 4　保証，保証の否認・制限と契約解除の基本的な用語

### (1) indemnify and hold harmless

「（契約の相手方が）損害を受けないようにする」「（相手を）損害がないよう守る」「（相手方に対し）何も請求しない」という意味で使われます．この3つの意味を併せ持っているともいえます．「（契約の相手方を）免責し，かつ防御する」という意味なのです．日本語に訳するのが非常に困難な用語のひとつです．

　"ABC shall not be liable to ..." と免責を取り決めたいときにも使用されますが，実際の効果は，相手方を "indemnify and hold harmless" するという規定の方が当方側の責任範囲が広く，費用負担も重いのです．"indemnify and hold harmless" の場合には，相手方に倒して責任を追及しないという「免責」だけでなく，相手方を第三者の行為・請求等から損害を受けないよう「防御する」「守る」という意味が加わります．

　**indemnify** と **hold harmless** という用語は，indemnify and hold harmless と2語並べて使われます．このような保証をする条項のことを "**hold harmless clause**" "**indemnify 条項**" と呼ぶことがあります．この用語の後には，通常，against という前置詞が来ます．

**例文10**　**indemnify and hold harmless を使った例文
…一般契約**

KVC shall indemnify and hold ABC harmless
against all actions, claims, damages, costs and ex-
penses resulting from any breach of KVC's warranty
as referred to in Article ＿ .

**訳**　KVCは，第＿条に規定されたKVCの保証の違
反から生ずるすべての訴訟，クレーム，損害，負担，費
用につき，ABCに対し，免責し，補償する．

## (2) without prejudice to

「権利を失うことなしに」という意味です．**"with
prejudice"** なら，反対に「権利を失って」という趣旨に
なります．"without prejudice to" という語句が大切なの
は，契約により一定の権利を取得する場合に，もともと
保有していたはずの権利を放棄して，代わりに獲得した
権利であると相手方が主張するのを防ぐためです．たと
えば，「ABC社が本契約に違反した場合は，KVC社は
この契約を解除できる」と規定した場合には，「では
KVC社は，ABC社に対して，もともとあったはずの損
害賠償請求権は放棄したのか」どうかということが，争
点になりえます．本来あったはずの他の救済方法（損害
賠償請求権等）を行使する権利を放棄したわけではない
ということを明確に示したい場合に，"without prejudice
to other remedies available at law" などと記載するので
す．without prejudice to という表現にはこのような明
確なねらいがあります．解除権以外の権利を失うことを

58

防ぐ役割を果たしているのです.

　このような表現が発達した背景には，英国法のもとでは契約を解除した場合，損害賠償請求権を失うという考え方があったためです．そのため，「損害賠償請求権を維持したまま，契約を解除する」というためには，契約で損害賠償請求権など（解除権以外の）他の権利を喪失しないことを明確に規定しておく必要があったと説明されています.

**例文11**　**without prejudice to を使った例文…映像作品ライセンス契約**

Without prejudice to any of the KVC's rights generally, KVC reserves the right to terminate this Agreement where ABC fails to sell or initiate the first episode of Karen View Story television series in the Territory, at least U.S. Dollars 100,000 (in total gross contract values) within the first twelve months after the date of the scheduled broadcast.

**訳**　ABC が，（ライセンスを受けた）カレン・ビュー・ストーリーのテレビ・シリーズの第1回のエピソードを，その放映予定日から12カ月以内に，（番組放映権販売ライセンス）許諾地域で，（販売総額で）最低10万米ドルを販売または推進できないときは，KVC は，KVC の他の権利のいずれも一般的に損なうことなく，本契約を解除する権利を留保する.

## (3) as is

「現状，有姿のまま」という意味です．たとえば，ある

品物を売り渡す取引や，中古の不動産を売り渡す取引で，一部傷んでいる箇所があるとしましょう．たとえ一部傷んでいたとしても，「そのまま，何の保証もなしに（売り渡し，買い受ける）」という場合が"**as is basis**"による売買です．

　一見，買主にとって不当に厳しい不利な契約条件のように見えます．しかし取引実務からいえば，その点を勘案して，本来の保証つきであれば10万米ドルの商品を，"as is basis"であれば7万米ドルで売り渡すというケースがあります．これならビジネスとして成り立ち，合理性があるといえましょう．

　もちろん，その意味をよく理解せず，新品で通常の保証つきのつもりで値決めをした後で，相手方から"as is basis"の語句が契約書に挿入されて，そのねらいと意味を理解しないまま調印してしまったときは，悔しい気持ちでいっぱいになります．私を含め，実際にはそのような苦い経験を重ねて，契約書の読み方を修得していくことが多いのです．

　ベンチャー企業が技術ライセンスを同じ産業分野で先行する大企業に対して許諾する場合に，"**as is**"ベースで行うことがあります．先行大企業でベンチャーの技術のデュー・ディリジェンスを行えば，特許やトレード・シークレットの侵害の有無や技術水準について独自の判断ができ，リスクを負担できるという考え方に基づいています．

　このように，as isベースの取引は，買主が検査を行い，万一瑕疵（faults）があっても，そのリスクを負う取引です．"**with all faults**"（あらゆる瑕疵があるまま）と同じ意味なのです．

　一般人がこの用語（as is）の意味を理解しないまま，品質保証があると信じて購入してしまうと，非常に厳しい結果を引き起こします．アメリカでは，アメリカ統一商事法典（U.C.C.）の売買編の規定（2-316条）によって，商品の品質に関する**黙示保証 "implied warranty"** を排除するためには，契約書でその品質保証の排除規定を目立つように記載しなければ，裁判所は，その規定の効果を認めないと規定しています．コンピュータ・ソフトウエアのように，開発と改良を継続する商品でも，as is 条件でライセンス（使用許諾）されるケースがあります．

**例文12**　**as is を使った例文…ソフトウエア・ライセンス契約**

While KVC requests that ABC inform KVC of any suggestion for change or correction of bug, which all recognize may be present, KVC furnishes the Products to ABC on an "as is" basis. ABC agrees to KVC's disclaimer of all warranties, except for the express warranty set forth in Article ＿＿＿ of this Agreement. KVC DISCLAIMS ALL OTHER WARRANTIES, WHETHER EXPRESS OR IMPLIED AND, IN PARTICULAR, EXPRESSLY DISCLAMS WARRANTIES OF MERCHANTABILITIES AND FITNESS FOR ANY PARTICULAR PURPOSE.

**訳**　KVC は，ABC が変更または（完全に取り除くことが無理なことを誰もが承知している）バグ（欠点）

の修理に関する提案をKVCに通知するよう求めているが，KVCは，商品を「現状有姿のまま（＝そのままの状態で）」ABCに提供する．ABCは，本契約第＿＿＿＿条で規定する明示保証を除くすべての保証をKVCが否定することに同意する．KVCは，他の明示的であるか黙示的であるかを問わず，すべての保証を否定し，かつ，特に明示的に商品性保証，特定の用途への適合性を否定する．

## (4) represent and warrant

「表明し，保証する」という意味です．たとえば，事業・株式の売買や不動産の譲渡契約で，その譲渡の対象である事業・株式や不動産につき，譲渡時現在の状況（conditions）について「表明」し，譲渡後の将来にわたって「保証」を行います．ソフトウエア製品・作品等をライセンス（使用許諾）し，または譲渡する場合にも，その著作権等の権利について保証することがあります．

　"**representation**"は，契約時「現在」や引き渡し時「現在」の事実関係・品質・権利関係等についての「表明」です．その動詞形がrepresentです．一方，"**warranty**"は，譲渡・引き渡し後の「将来」についての約束と保証です．その動詞形は，warrantです．契約書では，"represent and warrant"というように，ふたつの語句を並べて使います．"indemnify and hold harmless"や"made and entered"のケースと異なり，representとwarrantは，それぞれ，異なった役割とねらいを担っています．いずれか一方の語句のみでは同じ効果をもたらすことができません．現在の事実関係や品質等を表示・保証する「表明」をrepresentationと呼び，将来にわた

る品質や権利の「保証」をwarrantyと呼んでいます.

**例文13** **represent, warrant を使った例文…ソフトウエア・ライセンス契約**

KVC represents and warrants that it owns and possesses all rights, title, interest, in all of the Software Products, and any trademarks, logos, trade secrets and proprietary rights associated with the Software Products and that exclusive rights granted herein for the Territory have not previously granted, assigned or in any way encumbered to any party.

**訳** KVCは,KVCが本ソフトウエア製品の全部に対するすべての権利・権原・権益ならびに本ソフトウエア商品に関連する一切の商標,ロゴ,トレード・シークレットおよび財産的権利を所有し,保有していること,また,本(販売)地域につき本契約で許諾された独占的権利がこれまで誰にも許諾されず,譲渡されず,または,何らかの方法で負担を負わされていないことを表明し,保証する.

## (5) warranty

商品についての「保証」を"warranty"といいます.また,事業・株式の売買や,技術・知的財産のライセンス契約では,その権利についての「保証」も,"warranty"と呼んでいます.日本の売買取引で「品質保証」「品質保証書」と呼んでいるものは,英語ではwarrantyにあたります.日本で「保証」といえば,つい"guaranty"(ギャランティー)という言葉が浮かびますが,

guaranty はどちらかといえば,「借入金の返済保証」などの場合の「保証」のことを指します.

　日本語には,現実のビジネスの世界では warranty とguaranty を区別して使う用語がありません.学問や法律面から見ると,guaranty の訳に「保証」という用語をあて,warranty に「担保」をあてることができます.このような使い分けをする場合,契約など実務上の問題は,「担保」は瑕疵担保責任という場合の「担保」の他に,抵当権・質権など物的担保を指して使われることも多いので,その区別が紛らわしいことです.

　したがって,日本語の契約に現われる「保証」を英文契約に翻訳する場合には,その文脈を吟味してその意味を確認し,warranty か,それとも guaranty なのかを判定し,区別して訳する必要があります.

### 例文14　**warranty を使った例文(1)…一般契約**

ABC warrants and guarantees to KVC that all items sold or supplied to KVC pursuant to this Agreement shall conform to all the specifications set forth in this Agreement as well as all local laws of _____ applicable to such items. Except as set forth above herein, ABC makes no other warranties of whatsoever.

**訳**　　ABC は KVC に対し,本契約に従い販売または提供されるすべての品目が本契約で規定される仕様と当該品目に適用される_____国のすべての現地法に合致することを約束し,保証する.本契約の上記保証を除き,ABC は他のいかなる保証も行わない.

## 例文15　warranty を使った例文⑵…一般売買契約

> Unless expressly agreed in writing, KVC shall not be liable in any respect of any warranty or conditions as to any special quality or fitness of the Goods.

**訳**　書面で明白に合意しない限り，KVC は，本商品の特別な品質または適合性に関する保証または条件について責任を負わないものとする．

## (6) implied warranty of fitness; implied warranty of merchantability

　米国のもっとも基本的な商取引法典である各州の**Uniform Commercial Code**（略称**U.C.C.；アメリカ統一商事法典**）の第312条から317条は，動産売買での「売主の保証（warranty）」の問題を扱っています．たとえば，当事者間で特別な取り決めをしない場合に，売主にどのような保証（warranty）の義務が課されているかをU.C.C. は規定しています．そのような売主の保証・責任を黙示保証と呼びます．さらにU.C.C. は，その黙示保証の義務を制限し，または排除するためにはどうしたらよいか，という方法を，具体的にドラフティングの方法の手引きを示して規定しています．

　"implied warranty of fitness" は，「商品の用途への適合性の黙示保証」を指します．"implied warranty of merchantability" は，商品性の黙示保証をいいます．U.C.C. は，売主・買主間の動産の売買で，その商品として通常備えている品質を保証することを要求しています．商品の用途に適合するかどうかの保証責任について

は，一般的な用途と，特別な用途（particular purpose）に分けて規定しています．U.C.C. により売主に課せられた implied warranty of fitness を排除するためには，U.C.C. の規定によって許された方法で排除します．具体的には，U.C.C. 第316条の規定に従って排除することが必要です．

　たとえば，買主によくわかる，目立つ（**conspicuous**）方法で排除することが要求されています．排除する条項はすべて大文字（**capital letter**）で規定するとか，あるいは赤いインクなどで記載するなど目立つ方法でなければならないとしています．実務では，大文字で規定するのが一般的です．オリジナルをコピーして使用すると，オリジナルの赤いインクも黒または灰色になります．しかも，薄く見えにくくなってしまいます．他の規定と字の大きさが同じであると，「目立つ」（conspicuous）という要件を充足しなくなってしまいます．実務から見ると保証排除・制限の規定を赤いインクを使って示す方法は，契約書を大文字で印刷して使う方法に比べると，コピーの使用などの可能性が否定できない以上，誤用のリスクが高いという判断がなされることが多いでしょう．

　つまり，米国の U.C.C. の規定による要求から，大文字で品質の適合性を排除しようとするドラフティングの慣習が誕生し，定着したのです．国際ビジネスの世界で米国系企業の進出が著しく国際取引契約でも，ニューヨーク州法・カリフォルニア州法など米国法が**準拠法**（**governing law**）に選択されることが多いのが実情です．そのため現実には，米国を舞台とする取引や米国企業との国際取引をはじめとして，国際取引契約にも大文

66

字で保証排除を行う慣習が普及しつつあるといえるでし
ょう.

**例文16** **implied warranty of fitness; implied warranty of merchantability を使った例文…一般売買契約**

KVC warrants to ABC that the Products will be free from defects in title, materials, and manufacturing workmanship. The foregoing warranties are conditional upon the Products being received, unloaded, installed, tested and maintained and operated by ABC in a proper manner.

THE EXPRESS WARRANTIES SET FORTH IN THIS ARTICLE ARE EXCLUSIVE, AND NO OTHER WARRANTIES OF ANY KIND, WHETHER STATUTORY, WRITTEN, ORAL. EXPRESS OR IMPLIED, INCLUDING WARRANTIES OF FITNESS FOR A PARTICULAR PURPOSE OR MERCHANTABILITY SHALL APPLY.

**訳** KVC は ABC に対し, 本製品が, 所有権, 素材, および製造技術の点で瑕疵がないことを保証する. 上記の保証は, 本製品が ABC によって正常な方法で受領され, 荷揚げされ, 設置され, 検査され, 維持され, 運転されていることを前提条件とする.

本条に定める明示保証は, 排他的であり, 法定であるか, 書面によるか, 口頭によるかを問わず, また, 明示か, 黙示であるかを問わず, 他のいかなる種類の保証も適用されない. これにより排除される保証には特定目的

への適合性および商品性の保証が含まれる.

## 5　　各種契約用語と表現

　本節では，英文契約書に登場するいくつかの一般的な各種契約用語と表現についてその意味と読み方を紹介します．本節の各用語の紹介にあたっては，例文を使わないで説明します．

### (1)　power of attorney

「委任状」のことをいいます．委任状は，企業などがその重要な取引に関する契約書に調印する場合に調印権限を委任し，または，一定地域において当該企業を代表し，その委任者に代わって権限を行使する場合に発行されます．会社が発行する委任状には，その企業の代表権のある取締役（executive; managing director, representative director など）がその企業の取引を担当する自社の社員に発行する場合と，第三者に発行する場合があります．第三者に発行する場合は，濫用されないよう，その委任事項・権限，期間等につき留意が必要です．不用意な委任状の発行は事故の原因になりかねません．

　なお委任状は，すべて power of attorney と呼ばれるわけではありません．株主総会で議決権を行使するために発行する委任状のことを **proxy** と呼んでいます．

### (2)　covenant (s) and agree (s)

「誓約し，約束する」「誓約し，合意する」という意味です．古風な言い回しですが，現在でも契約書で実際に

使われることがあります.

## (3) most favored customer

「もっとも優遇された契約条件を与えられる顧客」という意味です. 通商問題など国家間での条約で, most favored nation（最恵国待遇）という用語が使われます. 企業間のビジネス取引でも同じように, たとえば, 売主側が長期契約締結時に買主に, 将来, 他の顧客にもっと有利な条件で同じ商品を売り渡す場合には, 同一の有利な条件を与えることをあらかじめ合意することがあります. このような有利な待遇・条件を与えるという約束をされた顧客のことを most favored customer と呼んでいます. 売買契約だけでなく, ライセンス契約などで使われることもあります. このような規定を契約実務上, most favored customer 条項と呼びます.

## (4) pari passu

ラテン語で「同じ順位で」という意味です. 融資契約や担保設定契約などで, 幾人かのメンバーが債権の支払いを「（債権者間で）同順位で」享受できる権利を規定する場合に使います. その趣旨を規定した条項を **pari passu clause**（パリパス条項）と呼びます. 本条項の例文は, 4章2節で紹介します.

## (5) entire agreement

「完全な合意」「すべての合意」という意味です. 英文契約書では, 契約の両当事者, すべての当事者間の合意事項をすべて網羅した取り決めを行い, 契約書に規定のない事項はないという姿勢で取り組みます. 契約書は,

契約当事者間の最終的な合意の確認です．契約書作成まで
の契約交渉中の様々な断片的・予備的な合意は，その
最終的な契約書に盛り込まれなければ契約の一部を構成
しないという考え方に立っています．

**例文17**　　**entire agreement を使った例文…一般契約**

> This Agreement, together with the exhibits hereto,
> constitutes and expresses the entire agreement be-
> tween the parties hereto with respect to the subject
> matter contained herein and supersedes any previ-
> ous oral or written communications, representa-
> tions, understandings or agreements with respect
> thereto. The terms of this Agreement may be modi-
> fied only in writing signed by authorized representa-
> tives of both parties.

**訳**　　本契約書は，その添付書類とともに，本契約に
含まれた主題に関する契約当事者間のすべての合意事項
を構成し，表明するものであり，両当事者間の本主題に
関する口頭または書面による従前の一切の通信・表明・
了解・合意に，優先するものである．本契約書の条項
は，両当事者間の正当な代表者が署名した書面によって
のみ，修正することができる．

## 6　知的財産ライセンス契約や販売店契約での用語

　本節では，知的財産ライセンス契約や販売店契約に使
用される契約用語と表現を紹介し，その読み方やねらい

を解説します.

## (1) public domain

「公知の知識」「公有のもの」という意味です.たとえば,トレード・シークレットのライセンス契約や秘密保持契約で,保護対象の例外として「公知」の情報・知識が挙げられます.一般の誰もが知っている知識(公知の情報・知識)を,法律や契約上の義務として秘密に保つ義務を課することはもはや必要ではないからです.

ただし,ブランドやアニメーション・映画の主人公のように誰もが知っていて広く親しまれているから知的財産として守られないという意味ではありません.ブランドは,商標法・不正競争防止法で,アニメーションの主人公(キャラクター)を表現したものは,著作権法・不正競争防止法で保護されます.

法的な保護の前提として,秘密性が要求されているトレード・シークレットや営業秘密が秘密性を失ったときに**パブリック・ドメイン(public domain)**となり,法的な保護を受けられなくなります.

**例文18** **public domain を使った例文**

At any time during the term of this Agreement and for the five years immediately thereafter, ABC shall not disclose to any person any confidential information received through the performance of this Agreement, including trade secret, pricing policies, records and other confidential information concerning business affairs of KVC. The preceding sentence shall not apply to any information which is in the public domain at the time it comes into ABC's knowledge or comes into the public domain without breach of any obligation of this Article.

**訳**　ABC は，本契約の有効期間中いつでも，また期間終了後5年間，トレード・シークレット，価格方針，記録または KVC のビジネスに関する他の秘密情報をはじめとする，本契約の履行を通じて受領した一切の秘密情報をいずれの者にも漏洩しないものとする．上文は，ABC が知るに至った時点で公知である情報または本条の義務に違反することなく，公知となった情報に対しては，適用されない．

## (2) royalty

　商標，著作権，特許，トレード・シークレットなどの許諾（ライセンス）の対価である使用料をいいます．日本の契約書では，「使用料」とも「ロイヤルティー」ともいいます．どちらの用語も一般的に広く実務で使用され，定着しています．

　ライセンス契約では，ロイヤルティー（使用料）の決め方と支払方法の取り決めは，許諾される「**地域（territory）**」「**独占性（exclusiveness）**の有無」と並んでもっとも重要な契約条項のひとつです．

**例文19**　**royalty を使った例文(1)…定額ロイヤルティー；ライセンス契約**

In consideration for the grant of license by KVC to ABC, ABC shall make a fixed annual payment of U.S. $ 500,000 (Five Hundred Thousand United

72

States Dollars) as a royalty for each year during the term of this Agreement. Payment of the royalty shall be made by ABC to KVC in twelve equal monthly installment not later than the 30th day of each month for the immediate preceding calendar month.

**訳**　KVCによるABCに対するライセンスの許諾の対価として，ABCは，本契約の有効期間中，毎年，ロイヤルティーとして年間固定額50万米ドル（五拾萬米ドル）を支払うものとする．ABCによるKVCに対するロイヤルティーの支払いは，毎月30日までに直前の暦月分として12回の均等払いにより行われるものとする．

**例文20**　**royalty を使った例文(2)…一定レートのロイヤルティー；ライセンス契約**

In consideration of the above license, ABC agrees to pay KVC royalties equivalent to five and a half percent（5.5%）of worldwide Net Sales, subject to the terms herein. ABC shall be liable for the payment of the above royalty irrespective of whether the Net Sales are achieved by ABC, by its affiliates, or by its sublicensees. Sales between ABC, its affiliates and sublicensees shall not be due subject to royalties under this Agreement, but in such case, royalties shall be due and payable upon Net Sales of ABC, its affiliates or sublicensees to independent third parties.

**訳**　上記のライセンスの対価として，ABCは，KVCに対して，本契約の条件に従い，世界中の純販売

額の5.5パーセントに相当するロイヤルティーを支払う
ことに同意する．ABCは，上記ロイヤルティーの支払
義務につき，その純販売額がABCにより達成されたか，
またはその関係会社，サブライセンシーにより達成され
たかを問わず，責任を負うものとする．ABC，その関
係会社，サブライセンシー間の（許諾製品の）販売は，
本契約でのロイヤルティーの支払対象とならないものと
する．ただし，かかる場合，ABC，その関係会社また
はサブライセンシーによる独立した第三者に対する純販
売額については，ロイヤルティーを支払わなければなら
ない．

## (3) territory

　販売店契約（distributorship agreement）やライセン
ス契約（license agreement）で，それぞれ，その商品の
販売や知的財産のライセンス（許諾）を認める地域のこ
とをテリトリーといいます．領土ではありません．販売
店契約では販売地域です．ライセンス契約では使用許諾
地域です．
　フランチャイズ契約でも，その許諾対象であるテリト
リー（territory）はきわめて重要です．マスターフラン
チャイズ・アグリーメント（master franchise agreement）
では，マスターライセンシー（master licensee）を指定
し，そのテリトリー内での展開を期待します．テリトリ
ーを規定し，またはテリトリーについて交渉する際にし
ばしば見落とされがちで，後で紛争の遠因になるのが，
「販売地域」と「生産地域」との区別です．「テリトリー
（地域）」に関わる契約条項の解釈をめぐる紛争の予防の
ため，この違いを意識して契約上のテリトリーを規定す

るやことが必要です。販売地域と生産地域を区別してそれ
ぞれの地域を規定する方法は，契約実務としてはまだ一
般的ではありません。ライセンサーとライセンシー間の
信頼関係が強固でなければ，このような規定は合意され
ません。生産地域における商品の横流しなど不正な行為
がなされるリスクがあるからです。

**例文21** **territory を使った例文(1)…一般販売店契約；販売地域**

The geographical area（the"Territory"）in which
ABC shall be measured in fulfilling the responsibili-
ties as a distributor of the Products set forth in this
Distributorship Agreement shall be Australia, New
Zealand, Indonesia, Hong Kong and the Philippines.

**訳** ABC が本販売店契約に定める本製品の販売店
としての責務を果たすことを期待される地域（「販売地
域」）は，オーストラリア，ニュージーランド，インド
ネシア，香港およびフィリピンとする。

**例文22** **territory を使った例文(2)…映像ソフト販売契約；上映地域**

Subject to the terms of this Agreement, KVC hereby
exclusively licenses to ABC only specific Licensed
Rights in the Picture throughout the Territory as set
forth in the Deal Terms.

**訳** 本契約の条項に服することを条件として，
KVC は本契約により，ABC に対して，取引条件書に規

定する通り地域における本映画の特定の権利のみを独占的に使用許諾する.

**（解説）** "deal terms"（取引条件書）というのは，契約書を2部構成するときの契約書の一部（最初の部分）です．ここでは映画の（劇場）上映権やテレビ放送許諾，DVD制作などのうち，いくつかの特定の権利のライセンスで，重要なビジネス条件のみを選び出し，deal termsで記載します．残りの条件を一般条件として，別な契約用紙（General Terms）に記載します．

**例文23**　**territory を使った例文(3)…販売店契約；販売地域**

The license granted by KVC to ABC for the distribution of the Products in this Agreement is limited to the countries of Japan and Australia ("Territory") only. KVC, however, agrees to allow ABC to manufacture the Products in Taiwan, the People's Republic of China, Singapore, Malaysia, Indonesia, Thailand and Vietnam. The Products manufactured in these countries shall be immediately shipped entirely to countries where ABC is permitted to sell the Products, i.e. Japan or Australia.

**訳**　　本契約に基づき本製品の販売のためにKVCがABCに与える販売許諾は，日本とオーストラリアの両国（「販売地域」）に限定される．KVCは，それにもかかわらず，ABCが，本製品を台湾，中国，シンガポール，マレーシア，インドネシア，タイならびにベトナムで製造することを認める．これらの国々で製造された本

製品は，全量，ABC が販売を許されている国々，すなわち日本かオーストラリアにただちに出荷されなければならない．

## (4) minimum royalty

　ライセンス契約では，ライセンシー（licensee）が一定の期間に使用の有無・量にかかわらず，ロイヤルティー（使用料）として最低いくら支払うと約束することがあります．その場合の約定による「最低ロイヤルティー」を指します．

**例文24**　minimum royalty を使った例文

In consideration for the licenses of the Trademarks of"Karen View"and Patent and know-how for the manufacture of the Products granted under this Agreement, ABC shall pay to KVC the minimum royalty for each contract year set forth below:

(1)　Royalty for the license of the Trademarks Minimum royalty: U.S. $ 700,000 （Seven Hundred Thousand United States Dollars）

(2)　Royalty for the Patent and Know-how Minimum royalty: U.S. $ 300,000 （Three Hundred Thousand United States Dollars）

In consideration of the license of the Trademark and the Patent and know-how granted under this Agreement, ABC agrees to pay to KVC an additional royalty of four （4） per cent of the Net Sales Price as set forth in this Agreement, for the part of the Net Sales Price beyond U.S. $ _____ during each Contract

Year.

**訳**　本契約で許諾された「カレン・ビュー」商標ならびに本製品を製造するための特許およびノウハウの使用許諾の対価として，ABCは，KVCに対して，各契約年度に，下記のミニマム・ロイヤルティーを支払うものとする．

(1)　商標使用のためのミニマム・ロイヤルティー：70万米ドル

(2)　特許・ノウハウ使用のためのミニマム・ロイヤルティー：30万米ドル

　本契約により，許諾を受けた商標ならびに特許およびノウハウのライセンスの対価として，ABCは，KVCに対して各契約年における純販売高が＿＿＿＿米ドルを超えた分に対して4パーセントの追加ロイヤルティーを支払うことに同意する．

第3章 契約上の
権利・義務の表現

## 1 契約上の権利・義務を表す用語

### (1) shall

契約書の文章はその大半が，契約当事者の権利・義務を規定するものといえるでしょう．契約上の義務（「…しなければならない」）を規定する用語としては，shall が基本的な用語です．たとえば商品の売買契約では，次の例文のように shall を使って義務を表現します．

**例文25** **shall を使った例文(1)…売買契約**

> The Seller shall sell and deliver the Products and the Purchaser shall purchase and take delivery thereof, under the terms of this Agreement.

**訳** 本契約の条件にしたがって売主は，本商品を販売し，引き渡すものとし，買主は，本商品を購入し，引き取るものとする．

**解説** ①売主の sell and deliver，買主の purchase and take delivery が対となって売買契約の基本的な義務と性格が規定されています．この規定にこめられた買主側のねらいは，売主が商品を売り渡す約束をしても，実際に引き渡さず，売主がそのまま使用し続けたりすることを防ぐことです．また，売主側のねらいは買主が引き取りを拒否したり，協力しないようなことをなくすことです．特に，**FOB**（Free on Board条件）のように，売主が自国側の船積み港で，買主が手配・配船した本船に荷物を積み込むことにより引き渡すケースでは，買主の引き渡しを受ける（take delivery）義務の履行が，売主の

引き渡し義務履行のために不可欠となります．船積み港
まで，買主が本船を手配して売主の所在国の指定船積港
まで貨物を受け取りにいかなければ，売主は引き渡すこ
とができません．FOB はインコタームズで定義されて
います．インコタームズの最新版は，2020 年版です．

②契約上の義務を規定するための他の表現としては，
"(The Seller) is under the obligation to (sell)" "(The
Seller) is to (sell)" "(The Seller) agrees to (sell)" など
があります．いずれも正しい表現ですが，契約書では
shall がもっとも標準的な用語として広く使用されてい
るといえます．

### 例文26　shall を使った例文(2)…株式売買契約

In consideration for the Shares, ABC shall pay to
KVC at the closing, subject to the terms and condi-
tions of the Share Purchase Agreement, the amount
of US $ 1,000,000 (One Million United States Dol-
lars), payable by wire transfer to the bank account in
San Francisco, indicated by KVC.

**訳**　　株式の対価として，ABC は，KVC に対して，
株式譲渡契約書の条件に従って，クロージング時に，
100 万米ドルを KVC が指定するサンフランシスコの銀
行口座に電信送金によって支払うものとする．

**解説**　①クロージング（**closing**）とは，実務上，株
式譲渡を完了させるために，代金の支払いと株主名義の
書き換え，株式を表象する証券（株券）の引き渡しを行
う日のことです．買主・売主の双方が，一方的に不利な
状況に置かれないよう，このようなアレンジメントがな

されます.

　②**wire transfer** とは,電信送金のことです.銀行間の送金には,電信を使う方法と,書留郵便など郵便を使うものがあります.電信送金の方が迅速に送金できます.

　③国際的な代金決済では,受取人の代金受領口座をどのように指定するかが重要です.あらかじめ当事者間で合意していれば,契約書に記載するのが一番明快です.決まっていなければ,どこの国のどの銀行のどのような種類の口座であるかを明確に指定して,口座番号・口座名義人とともに,指定・連絡する方法を規定します."indicated by KVC" という表現は,KVC 社が指定することを明示したものです.同じ趣旨を "designated by KVC" と表現することができます.

## (2) agree to

　契約上の義務を規定する用語として,shall と並んで,agree to もよく使用されます.「…することに合意する」「…するものとする」と訳すことができます.

### 例文27　agree to を使った例文…販売代理店契約

> As compensation to ABC for its services under this Agreement, KVC agrees to pay ABC a commission on the following orders for the Products to be directly or indirectly shipped to the Territory which are received by KVC and accepted by it from customers:

　**訳**　本契約に基づく ABC のサービスの対価として,

KVCは，KVCが顧客から受領しKVCが受諾した下記の注文により本販売地域に直接または間接に船積みされた本製品について，ABCに対して，手数料を支払うことに合意する．

(解説)　①本例文では，ABCはKVCの本製品の販売のために起用された販売代理店です．販売代理店はprincipal（本人）のために販売活動に従事し，その注文取得・売上達成に対する貢献に応じて，コミッション（手数料）を受け取ります．

②shippedとは，実際に商品が客先に向けて発送されたことを指します．船舶（ship）による海上輸送だけでなく，トラック輸送，航空輸送も含みます．上記例文中の"shipped"の訳も，前後の文脈や契約の内容から，海上輸送でないときは，「発送された」「積み出された」あたりの方が適切でしょう．

## (3) may

契約上の権利として，「…することができる」という意味を表現するには，"may"を使用するのが実務上もっとも一般的です．契約実務では"can"という用語は使いません．同じように「できない」という意味を表す場合には，"may not"を使います．"cannot"という言い方はしません．また，権利を規定する場合，"will have the right to"という言い方もあります．

「売主に解除権がある」は，"The Seller shall have the right to terminate this Agreement"とすることも，mayを使って，"The Seller may terminate this Agreement"とすることもできます．また，"shall be entitled to"とすることもできます．

例文28 **may** を使った例文(1)…合意解除；一般契約

This Agreement may be terminated at any time by
mutual agreement of both parties.

**訳** 本契約は，両当事者の合意によりいつでも解除
することができる．

**解説** ①契約の有効期間の途中であっても，両者が同
意すればいつでも解除できるという，いわば当然と考え
られる事項を取り決めた規定です．

②別の決め方として，たとえば次のように，反対解釈
の趣旨を正面から取り決める方法があります．"This
Agreement may not be terminated without the consent
of the other party."（本契約は他の当事者の同意がなけ
れば解除できない．）

③契約条項の決め方のスタイルとして，証拠をめぐる
紛争防止のために，同意は「書面」であることを要求す
る旨を明示する方式があります．その場合は，本例文の
最後に "in writing"（書面で）を加えます．

例文29 **may** を使った例文(2)…一方的な解除；合弁
事業契約

Any Partner, at its option, may terminate this
Agreement;

(a) Upon the occurrence of an event of default by
    the other party in accordance with Section _____
    of this Agreement.

(b) When the total liabilities of the Joint Venture
    Company exceeds its tangible net assets by US $

3,000,000 (Three Million United States Dollars), or such other amount as the Partners may hereafter designate in writing,

**訳**　　いずれのパートナーも，下記の事態が発生したときは，その選択権により，本契約を解除することができる．

(a)　相手方による契約違反の事態が発生したときは，本契約の第＿＿＿条に従って，および，

(b)　合弁会社の債務総額がその有形純資産額を300万米ドル，または，パートナーが書面により今後指定する他の金額を超えたとき．

**解説**　①本例文で "Partner" とは，合弁会社の当事者（株主）のことです．パートナーシップに限らず，合弁会社，合弁事業では，共同で事業を推進する者を互いにパートナーと呼ぶことがあります．このような用語（partner）を使う場合，パートナーシップを構成するものではないことを契約の別の条項で規定して，問題の発生を防ぎます．合弁会社の株主は，有限責任を負担するだけで，パートナーシップのゼネラル・パートナーのような無限責任は負いません．そのため，たとえば，次のような規定をおいてリスクを防ぎます．

"Nothing contained herein shall constitute KVC, ELNOX and ABC members of any partnership, joint venture or other entity, or be deemed to confer on any of them any express or implied authority to ensure any obligation or liability on behalf of the Joint Venture Company or any of the other parties hereto."

②契約条項は，おかれた立場により，当事者は様々な
読み方をします．パートナーシップのパートナーの責任
を避けるには，"Party"または"Shareholder"を使えばよ
いのです．

③netは「純」という意味です．差し引くべき項目を
差し引いた金額です．税金（付加価値税；源泉徴収税
等）や，本来の値段以外の要素を差し引いた金額を指し
ます．gross「総」と対比して使われます．

### (4) have the right to

"have the right to"という用語を見たときは，「権利が
ある」という意味だと読めばいいでしょう．主語が当事
者の場合は，ほとんどmayと互換性があります．

| 例文30 | have the right to を使った例文…販売店契約 |

ABC shall have the right to distribute the Japanese
language and English language Software Products in
the Territory for the term of ten (10) years from the
Effective Date.

**訳** ABCは，契約発効日から10年間，日本語版と
英語版のソフトウエア商品を販売地域で販売する権利を
有するものとする．

**解説** ①distributeという用語は卸売，小売など，販
売（reselling; resale）を行うという意味です．小売だけ
であれば，retailになります．distributionはもともと卸
売を指し，distributorは卸売商中心の用語でしたが，現

実にはユーザーへの販売も含め，広く販売を指して使われるようになっています．

②ソフトウエアのライセンスでは，言語が重要です．本例文では，日本語版と英語版のソフトウエアの販売ができます．

## (5) may not

**例文31**　**may notを使った例文…映画の輸入販売ライセンス契約**

> In exercising these rights, Distributor may not：(1) change the title of the Picture without Licensor's prior written approval, (2) alter or delete any credit, logo, copyright notice or trademark notice appearing on the Picture; or (3) include any advertisement or other material in the Picture other than the credit or logo of the Distributor or an approved anti-piracy warning as set forth in Article _____ of this Agreement.

**訳**　　これらの権利を行使するにあたり，輸入販売店は，(1)ライセンサーによる事前の同意なしに，本映画の題名（タイトル）を変更することはできず，(2)本映画に現れるクレジット，ロゴ，著作権表示または商標表示を変更，もしくは削除することはできず，または(3)本契約第_____条に規定する輸入販売店のクレジットもしくはロゴの表示または承認された剽窃禁止の警告を除き，いかなる広告もしくは他の文言も本映画に含ませることはできない．

(**解説**) ①本例文は，映画の輸入販売ライセンス契約の一部です．国際的な映画輸入販売では，マーケティング上，魅力ある題名の工夫などの問題がクローズアップされます．本条項の趣旨は，ライセンサー側が同意しない限り，題名はもちろん，クレジットやロゴの変更を認めないというものです．

②映画の **credit** とは，映画製作に貢献・協力した人の名前をリストアップしたものです．映画の初めと最後に紹介されることが多いものです．監督・脚本・原作・音楽など，映画の将来のマーケティングの際に，著作権等一定の権利関係者を確定・公表する役割もあります．外国での公開時に，ライセンサーの承諾なく，ディストリビューター（配給会社）が書きかえるのを予防しています．外国での上映には，その国の言語の字幕制作，吹き替え，外国用の題名の決定の問題が発生します．

## 2 法的拘束力がないことを示す表現

### (1) レター・オブ・インテントが作成されるケース

レター・オブ・インテント（LOI），基本条件説明書，手紙形式の簡略な確認書，Memorandum of Understanding（MOU；覚書），ミーティング議事録（Minutes of Meeting）など，義務の規定というよりは，どちらかといえばスケジュールや基本的な考え方を客観的に確認する文書では，"will" が適切な用語として使用されます．現実のビジネスの場では，法的な拘束力を確認しない文書では，will の方がshall よりふさわしいのです．

ただ，will を使ったときの問題は，その文書や規定の解釈について当事者間で紛争が発生したとき，果たしてその文書や規定に法的な拘束力があるのか，それともないのかどうか，曖昧になりやすいという点です．もともと，この点を曖昧にしたいという理由や動機で，正式な契約書の代わりにレター・オブ・インテント（LOI）が作成され，will が使用されたことを考えると，これは負担すべきリスクということになるでしょう．

レター・オブ・インテント（LOI）を作成するとき，明確に法的拘束力がない（not legally binding）ことを示したい場合には，その旨，はっきり記載した方がよいでしょう．色々な表現方法がありますが，典型的なロングフォームとショートフォームを紹介します．大切なのは，表現方法の長さや短さではなく，当事者の意図を明確に読み取ることができるかどうかです．下記の例文32～34では，いずれも，この確認文書自体だけでは法的拘束力がないことを明確にしています．このような規定を見たら，その文書には法的拘束力を持たせないものとして作成されているのだという当事者の意図をしっかり把握しましょう．

## (2) not ... legally bindingを使った例文

**例文32** not ... legally binding を使った例文(1)…レター・オブ・インテント

The terms and conditions of this Letter of Intent shall not be legally binding, unless a formal agreement incorporating such terms and conditions is executed by the parties hereto.

**訳**　このレター・オブ・インテントに定める条項と条件は，当該条項と条件を組み入れた正式な契約が当事者間で締結されない限り，法的拘束力を有しないものとする.

**解説**　①レター・オブ・インテント（**Letter of Intent**）は，法律上拘束力があるのかないのか，当事者の意図がわかりづらいものが少なくありません.当事者の気持ちの中で，相手方は縛り，自分は縛られないということを考えているために，どうしても曖昧になりがちなのです.本例文は，両当事者にとって，この文書に法的拘束力がないことを明確に言い切っています.

②incorporatingは，「包含する」「含む」という意味です. "a formal agreement which incorporates such terms ..." が短縮されて，"a formal agreement incorporating such terms ..." になっています.本例文では，このレター・オブ・インテント（LOI）に記載の各条項と同じ条件が正式な契約にも含まれる場合には，このレター・オブ・インテントの条項が存続し，法的にも拘束力のあるものになることを明らかにする一方で，そのような正式契約が締結されるに至らなければ，このレター・オブ・インテントの各条項は法的な拘束力を有しないとしています.

③a formal agreementとは，契約書として正式に締結されるものをいいます.単なる意図（intent）の表明・記録にすぎないレター・オブ・インテントとは区別されます.正式契約とは，法廷に持ち出し，裁判で強制執行を求めることができる（enforceable）というのがその前提です.

④英米の企業との契約では，"a formal agreement" に

代えて，"a definitive agreement" を使う方が，より正確でスタイリッシュだと言われることがあります．その通りだと思いますが，他の地域やビジネスの現場では，a formal agreement の方がわかりやすく，よく通じるので，どちらでもよいと思います．

**例文33**　**not ... legally binding を使った例文⑵…メモランダム・オブ・アンダースタンディング**

> This Memorandum of Understanding is not intended to be legally binding.

**訳**　この覚書は，法的拘束力のある契約とすることを意図していない．

**解説**　①Memorandum of Understanding（メモランダム・オブ・アンダースタンディング；MOU）は，双方の了解事項を文書にしたものです．当事者は，2者とは限りません．3者であっても構いません．日本語に翻訳すれば，覚書あたりが一番近いといえるでしょう．

②Memorandum of Understanding（MOU）に法的な拘束力があるかどうかも，レター・オブ・インテントと同様にわかりづらいものです．本例文では，法的拘束力がないとしています．逆の趣旨の規定を置いても少しも不自然ではありません．日本での「覚書」は，法的拘束力がある場合の方が一般的でしょう．

③本例文に負けないほど簡潔な表現として，"This document is not meant to be legally binding." があります．

## 例文34　a non-binding expression を使った例文…

**覚書**

This Memorandum of Agreement is intended to be a non-binding expression of the intent of the parties. The parties' legal obligations will be as set forth in a formal agreement, if and when such formal agreement is signed by the parties hereto.

**訳**　本覚書は，法的な拘束力のない当事者の意図を表明することを意図している．当事者の法的な義務は，本覚書の当事者が，正式な契約書に署名した場合には，その正式契約に定める通りとする．

**解説**　①覚書は Memorandum of Agreement ともいいます．Memorandum of Understanding とほぼ同じです．ただ，Understanding という用語より，Agreement の方が，語感として合意が明確です．したがって，その法的拘束力が強い響きがあるといえるでしょう．法的拘束力のない文書として作成することを意図しているのであれば，その旨，明確に記載しておくべきです．

②融資契約など当事者の一方的な立場が強い場合や，英米の企業などが自社側の義務を規定する場合にも，"will" がしばしば使用されます．たとえば印刷したフォームや弁護士作成のドラフトで使用されることがあります．

③Memorandum of Agreement の交渉では，忘れられないエピソードがあります．交渉の席で相手方から手渡された MOU のドラフトの最後に，上記例文34の第2文から始まる条項があり，続いて，一定期日までにその

ような正式契約が締結されなかったときは，このMOU
に定める内容が当事者の legal obligations になると書か
れていました．

**3　契約上の義務を表す will の用法と読み方**

**(1) willとshallの違い**

　"will" も契約書の中でよく使われる用語です．義務を
規定する場合によく使われます．ただ will は，どちらか
といえば契約交渉での立場の強い側が自分の側の義務を
規定する場面において好んで使われる傾向があります．

　したがって，実際に契約で使われている例を見ると，
義務を規定する場合に，その意味と程度が "shall" と比
べて，やや曖昧，不明瞭で弱いのではないかという印象
を与えます．これは感覚の問題であって，理論・判例を
調べれば解決するという問題ではないでしょう．実務担
当者が交渉するときに，感じる感覚・不安感といっても
いい問題です．

　実際にアメリカ，イギリスの弁護士（相手方）と交渉
していると，相手方から提示されるドラフト（契約書
案）の規定で，相手方（アメリカ側やイギリス側）の義
務については "will" が使用され，当方の義務には，
"shall" が使用されていることがしばしばあります．不思
議に思って，相手方弁護士になぜそのような使い方をす
るのかという理由と will と shall との違いを聞くと，「同
じ（same; no difference）」という答えが返ってきます．
なかなか納得できないので，当方から相手方の弁護士に
提案してみたことがあります．

「あなたは誠実な方だから，あなたの言うことを信じよう．だから当方関係者を納得させるために，今回は逆に，当方の義務に "will"，あなたのクライアント側の義務に "shall" を使おう．あなたの説明では同じ（same）だから，問題はないはずだ」

するとなぜか次回，相手方弁護士が用意するドラフトから，"will" がきれいに消えていて，すべて shall になっているということを経験することがあります．

契約書の中で義務を規定する場合に，たまたま "will" が使われているからといって，義務を負わなくなるとは本来考えられません．しかし，相手方の意図や効果を正確に読み取るのは，至難の業です．実務からいえば，相手方が何らかのねらいを持っているかもしれないという疑いがある場合には，率直に申し入れて交渉すべきでしょう．それが相手方の契約書を読む賢明な方法だと思います．

自社側の契約書に "will" を使用した場合は，法的拘束力がないことを明瞭に規定したレター・オブ・インテントでもない限り，法的義務を伴う約束として取り扱うべきでしょう．契約書を読むときは，曖昧な表現については，ドラフトを作成した側に厳しく解釈するのが，一般的には，正しい読み方とされているからです．

また，契約の全当事者・両当事者が平等に，あるいは共同で計画をするときには，契約当事者間で利害が対立せず，"will" を使いやすいという状況になることがあるでしょう．

## (2) willを使った例文

### 例文35　will を使った例文(1)…合弁事業契約

The Partners will cause the Joint Venture Company
to pay KVC, as a royalty, five percent（5%）of the
Net Sales Price derived by the Joint Venture Com-
pany from all the sales of the Licensed Products cov-
ered by KVC Trademark License Agreement be-
tween KVC and the Joint Venture Company.

**訳**　　パートナーは，合弁会社をして，KVC と合弁
会社間の KVC 商標ライセンス契約の対象となる許諾製
品の総売上から合弁会社が受領した純販売額の5パーセ
ントを，ロイヤリティーとして，KVC に支払わせるも
のとする．

**解説**　①本例文では，合弁契約の当事者を Partner
(s) と呼んでいます．パートナーシップの参加者という
意味でのパートナーではありません．パートナーシップ
の Partner と区別するために，Shareholders（株主）と
いう用語を使う人もいます．それでもよいのですが，理
論的にいえば，合弁会社をこれから一緒に設立しよう
(cause a Joint Venture Company to be established) とい
う段階には，まだ株主にはなっていません．強いていえ
ば，合弁契約の当事者（parties）あたりでしょうか．実
務的には，どの用語を使っても内容さえしっかり規定し
ておけばよいのですが，債権者から親会社にパートナー
としての責任を問われる経験をすると，こわくて
Partner という用語は使えなくなります．ですから，株
主（Shareholders）を使う方が，安心できるのでしょ

う.

②本例文の合弁事業では，合弁会社の設立の協定をする段階で，当事者の1社（KVC社）が，これから設立する合弁会社とライセンス契約を締結して，技術・商標の使用許諾を行うことが計画されています．規定の仕方としては，合弁会社にKVC社に対し，一定レートのロイヤルティーを支払わせるとしていますが，実際には，この規定により，KVC社が5パーセントを超えるロイヤルティー（たとえば10パーセント）を徴収するのを防止する働きもしています．

③合弁事業契約では，大株主になる合弁当事者（親会社）が，新会社に対し，知財ライセンスや原材料・機器の供給や製品販売面で協力・支援することがあります．人材を派遣し，経営指導にあたることも多いでしょう．ですから，新会社と親会社間の契約の条件と対価の決定は重要な条件になります．新会社育成のための保護の視点も大事です．

**例文36** **will を使った例文(2)…合弁事業契約**

Pursuant to the terms of the Articles of Associations of the Joint Venture Company, KVC will have an initial ownership interest of forty (40) percent of the voting shares of the Joint Venture Company and ABC will have an initial ownership interest of sixty (60) percent of voting shares of the Joint Venture Company.

**訳** 合弁会社の定款の規定に従い，KVC は当初，合弁事業会社の議決権付き株式の 40 パーセントを保有

するものとし，ABC は当初，合弁会社の議決権付き株式の 60 パーセントを保有するものとする．

**解説**　① Articles of Association は，会社の定款を指します．日本は単一定款制をとっていますが，欧米では**基本定款（Articles of Incorporation 等）**と，**付随定款（By-laws）**のふたつの定款制度を持つ国があります．二重定款制を採用している代表的な国には，英国，米国各州や英国植民地だった国などコモンローの国々があります．

② "initial ownership" は，合弁会社設立時の出資比率を規定するものです．その後の譲渡の結果は増減がありえますが，設立時の比率（initial ownership）を規定することは，誰が経営責任を負担するのか，また，運営に関わる発言権を出資者間にどのように配分するかの基本的な考え方，スキームを決定づける意味で重要です．

③ "voting shares" とは，"voting stock" とも呼び，議決権のある株式という意味です．議決権を持たず，配当の優先権を得る株式は**優先株式（preferred stock）**と呼ばれますが，その快い響きに反して発言権がなく，議決権のある株式に比べて価値が低いのが通常です．議決権があり，資産の一定割合を保有し，配当を受ける権利を持つ株式のことを通常，**普通株式（common stock）**と呼びます．voting stock は common stock です．

**例文37**　**will を使った例文(3)…融資契約**

The Lender will make available to ABC, on and subject to the terms and conditions of this Agreement, a loan facility ("Loan") in U.S. Dollars in aggregate amount not exceeding one million five hundred thousand U.S. Dollars (U.S. $ 1,500,000). The Lender will disburse the Loan to ABC in accordance with the Disbursement Schedule and Procedures attached hereto as Exhibit A.

**訳** 貸主はABCに対し，本契約の条項と条件に従い，総額150万米ドルを限度とする融資金（「融資金」）を貸し付けるものとする．

貸主は，ABCに対し，本契約に別紙Aとして本契約に添付される貸付予定表と手続に従って，融資金を貸し付けるものとする．

**解説** ①本例文は，融資契約の典型的な条項である貸付条項です．貸し付ける枠を規定しています．

②"disbursement"はその貸し付けの約束に従って，実際に貸付金を貸し出すことです．本例文では，貸出予定表（disbursement schedule）に従って貸し出すという方式です．

③融資契約を読むためのキーワードとしては，principal amount（元本）；interest（利息）；repayment schedule（返済スケジュール）；events of default（違反による期限の利益喪失）；borrower（借主）；guarantor（保証人）；acceleration clause（繰上げ返済条項）；per annum（年あたり）などがあげられます．

**例文38** willを使った例文(4)…販売店契約；レター・アグリーメント

This distributorship will be for a period of fifteen (15) years, beginning on June 1, 2030 and ending on May 31, 2045.

**訳**　本ディストリビューターシップ契約は，2030年6月1日から2045年5月31日までの15年間（有効）とする．

**解説**　①ディストリビューターとは，商品の販売を行う人を指し，通常，販売店と呼ばれています．ディストリビューターシップとは，その販売権を与え，継続的に販売にあたるビジネス関係を指す言葉です．

②ディストリビューターには，独占的販売店，非独占的販売店の区別があります．本例文のように有効期間が長い契約では，経済情勢や事情の変化によって途中解約の必要性や一方的な解約の問題が発生することがあります．一方の当事者の契約違反，倒産，更生法・破産法の適用申し立ての場合にどうするかなどが，契約時に考えるべきポイントです．

第4章 英文契約書の
頻出表現

## 1 　読みこなしに必要なラテン語イディオムの知識

　英文契約書では，しばしばラテン語の用語やイディオム，さらにはフランス語の語彙が使用されることがあります．アメリカ・イギリスの契約法は，歴史をたどれば，ローマ法の影響を大きく受けており，英米法の解説，判例や英文契約書には，ラテン語が頻繁に使用されています．そこで，相手方の契約書を正確に読みこなし，内容を理解するためには，一般的に使われるラテン語など英語以外の外国語も理解しておくに越したことはないでしょう．

　自分でドラフトを作成するときは，なるべく，相手方のためにも，やさしい英語で書くように心がけた方がよいのですが，相手方が作成し，提案してくる契約書を読みこなせないのも実務上困ります．

　特に，"**ipso facto**"（何らの手続もなしにただちに）や，"**ab initio**"（さかのぼって）など難しいラテン語は，自分がドラフトを作成するときは使用を避けた方がよいのですが，英米の相手方はおかまいなしに使ってくることがあります．ときには，当方の契約書の理解力を試しているのではないか，と思われるケースすらあります．ラテン語のイディオムになじんでいないメンバーには，耐えがたい苦痛と理解の妨げになります．

　"ipso facto"というラテン語は，たとえば，契約相手先の「破産申し立て，更生法適用申し立てなど一定の事態が発生した場合に，それをdefaultとし，non-defaulting partyからの通知がなくとも契約が自動的に（ipso facto）消滅する」というように使われます．その

規定の有効性をめぐって紛争が起こりやすいケースでもあります.

当方から使用しなくても,相手方がごく普通のビジネスレターや契約条件交渉で,ビジネス交渉に携わる限り当然に知っていると思って使う用語もあります.その場合,修得していないと,その言葉が理解できないために交渉が進まなかったり,不安になりかねません.相手方から軽視されることもあるでしょう.

以下に紹介するのは,英文契約書に頻繁に使用される外国語のうちでも,対応する英語の用語以上に定着した,やさしい表現とされているものです.

## 2 頻繁に使用されるラテン語等の表現と読み方

### (1) in lieu of (ラテン語)

「…の代わりに」という意味です.売主,ライセンサーなど履行義務を負担する側が,保証や損害賠償などを規定した後,それが他の救済方法(remedies)に代わるすべてだと念を押したいときなどに使用されます.英語の "in stead of" "in substitution for" にあたります.契約書では,英語の in stead of の代わりに,このラテン語の **in lieu of** が好んで使われます.「イン・ルー・オブ」と読みます.

exclude や exclusive といった直接的な表現をせず,スマートに他の救済方法を排除できるのが,この言葉が愛用される理由のひとつです.あたりがやわらかく,しかも,厳しいねらいを持った用語です.黙示保証・商品性の排除のための条項で,exclusive と in lieu of を重ねて

104

使うこともあります．ねらいは同じですが，明確に保証を排除するため，念を押す表現です．

　保証や救済方法の排除と別に，文字通り「…の代わりに」の意味で，文章の冒頭に使って，契約書の規定に使用されることもあります．

**例文39** **in lieu of** を使った例文(1)…保証の排除条項（ショートフォーム）；売買契約・ライセンス契約

> The foregoing warranties are in lieu of all other warranties, whether oral, written, express, implied, or statutory.

**訳**　上記の保証は，口頭，書面，明示，黙示，法定のすべての保証に代わるものである．

**解説**　①「他のすべての保証に代わる」というねらいは，本来なら適用されるはずの他のすべての保証を否定・排除することにあります．特に，法定の保証を排除することです．

　②"in lieu of" を別の表現に代えると，たとえば，次のようになります．"The foregoing warranties are exclusive and in substitution for all other warranties, whether oral, written, express, implied, or statutory."（上記の保証は，排他的なものであり，他の口頭，書面，明示，黙示，法定のすべての保証に代えるものである．）

**例文40** **in lieu of** を使った例文(2)…保証の排除条項（ロングフォーム）；売買契約

> The Product is being sold and delivered to the Purchaser under this Agreement "AS IS, WHERE

IS"and, except for the Seller's representations and warranties set forth in Article _____ of this Agreement, Seller does not make any warranties or representations whatsoever. The Seller's representations and warranties set forth in Article _____ are exclusive and in lieu of all other warranties and liabilities of the Seller, and remedies of the Purchaser, with respect to any non-conformity or defect in the Product or any part thereof delivered or sold under this Agreement, including but not limited to a) any implied warranty of merchantability or fitness for use or for a particular purpose; b) any obligation, liability with respect to any actual or alleged infringement of any patent, trademark, copyright or other intellectual property; or c) any obligation, liability claim or remedies in tort, whether or not in strict liability or arising from the negligence of the Seller.

**訳**　　本製品は，現状有姿のまま，本契約で買主に対し販売され，引き渡されるものであり，売主が本契約の第_____条で行った表明と保証をのぞき，売主は，いかなる表明も保証も行わない．本契約の第_____条で規定する売主の表明と保証は，排他的なものであり，本契約のもとで引き渡され，または販売された本製品またはその一部の不備または瑕疵に関する売主の他のすべての保証と責任および買主の救済手段に代わるものである．これ（否認されるもの）は次を含むが，それらに限定されない．a）商品性または使用もしくは特定目的への適合性の黙示の保証，b）特許，商標，著作権もしくは他の

知的財産権に関して主張されたか，実際の侵害に対する
義務もしくは責任，またはc）厳格責任によるか売主の
過失によるかを問わず，不法行為による義務，責任，請
求もしくは救済手段．

（解説）　保証排除に本例文のようなスタイルが使われる
のは，アメリカの Uniform Commercial Code（U.C.C.；
アメリカ統一商事法典）第316条の規定によります．
AS IS, WHERE IS 条件で売り渡したことを目立つよう
に明示して規定すれば，U.C.C. による商品性等の黙示
保証は排除されると規定しているからです．例文39に
比べても，不法行為責任をはじめ，さらに広範囲の責任
を排除しようとしています．

### 例文41　in lieu of を使った例文(3)…ライセンス契約

In lieu of paying the royalties pursuant to Article
hereof, ABC, by notifying to KVC in writing at any
time during the term of this Agreement may elect to
acquire a fully paid-up license to manufacture, copy
and distribute an unlimited amount of the Licensed
Products in the Territory, by a cash payment of Two
Million and Five-Hundred Seventy-Five Thousand
United States Dollars（U.S. $ 2,575,000.00）.
This payment may be made in five installments.

　　訳　　本契約第＿＿＿条に従いロイヤルティーを支
払う代わりに，ABC は，本契約期間中いつでも，書面
をもって KVC に通知した上で2,575,000米ドルを現金
で支払うことにより，許諾地域において無制限に本製品
の製造・複製・販売を行うための全額支払い済みのライ

センスを取得することを選択できる.

　この支払いは，5回の分割払いにより行うことができる.

（解説）　本例文は，ソフトウエア・ライセンス契約でライセンシーがランニング・ロイヤルティーを支払う代わりに，将来半永久的にランニング・ロイヤルティーの支払いなしに，許諾製品の製造・複製・販売のために使用できる権利を取得するオプションを規定するものです. このような権利を a paid-up license と呼んでいます.

## (2) mutatis mutandis（ラテン語）

「準用して」という意味です. 契約書の初め，あるいは前の方で規定したのと同じ趣旨を次の事柄にも準じて適用するという場合に使います. 便利な言葉なのでつい使いたくなりますが，なるべく別の具体的な表現で素直に正確に規定し直した方がよいでしょう. 具体的にどの点が同じで，どの点が異なってくるのか，準用規定ではわかりづらいことがあり，紛争の遠因になりかねないからです.

### 例文42　mutatis mutandis を使った例文…一般契約

The provisions of Article _____ hereof shall apply mutatis mutandis.

　訳　　本契約第_____条の規定を，準用する.

## (3) bona fide（ラテン語；in good faith）

「善意の」という意味です. 「ボナ・ファイド」と読みます. ライセンス契約などで，ライセンシーがその子会

社との取引についてロイヤルティーの算定基準となる販売価格を算出するのに，第三者との取引に引き直した上で計上することがあります．そのような場合に，"bona fide third party" という言い方をします．現実には，そのような第三者がいない場合も多く，理論的な仮想金額を算出することが多いのです．公正市場価格を基準としてロイヤルティーを算出しようとするためのスキームの道具でもあります．「誠実な」という意味で使うこともあります．"bona fide discussion" というのも，その使い方のひとつです．

　英語に訳すとすれば，"in good faith" あたりが一番近いでしょう．自分の側でドラフトを作成する場合には，"in good faith" と書けばよいのです．下記の2つの例文は，誠実な協議による解決を目指したものです．表現は異なりますが，規定のねらいと効果は変わりがありません．

**例文43**　**bona fide を使った例文…一般契約**

The parties agree that they will enter into bona fide discussions in an attempt to solve any issues or dispute which may arise from the interpretation or performance of this Agreement.

**訳**　当事者は，本契約の解釈または履行から生ずる一切の問題または紛争を解決すべく善意の話し合いを行うものとする．

**解説**　"bona fide discussion" は，"discussion in good faith" と言い換えることができます．本例文は，契約に関わる紛争につき，まず当事者間で誠実に協議して解決

策を探そうと努力することを約束するものです.

### 例文44　in good faith を使った例文…一般契約

> KVC and ABC agree to use their best efforts to solve any dispute arising out of or in connection with this Agreement through consultation in good faith.

**訳**　　KVC と ABC は,本契約からまたは本契約に関連して生ずる紛争を誠意ある協議を行うことにより,解決すべく最善の努力を支払うことに合意する.

**解説**　①"arising out of"に比べて,"in connection with"の方がカバーする紛争の範囲が広いといわれます.現実にはあまり差がないと思われますが,予想のつかない紛争もあるので,両方の熟語を並べて規定されることが実務上は多いのです.契約履行に関連し,KVC 社から輸入して転売した ABC 社が,その客先(小売商)から購入したユーザーから,プロダクト・ライアビリティー,不法行為責任を原因として訴訟を提起されたとしましょう.ABC 社の客先は訴えられていないとします.KVC 社・ABC 社間の契約では,不法行為責任(torts liability)については何も決められていません.ABC 社が単独で,防御または賠償しなければならないのでしょうか,それとも,KVC 社が ABC 社を indemnify し,訴訟もその費用も KVC 社が負担すべきでしょうか.典型的な協議対象のひとつです.しかも,解決は容易ではないでしょう.

②"use their best efforts"は,契約当事者双方が「最善の努力を尽くす」という意味です.万一結果が出せず交

渉不成立の場合は，どちらもその不成立に責任を負わないことになります．所詮は気休め条項にすぎないという見方があります．それでも，実際の交渉の現場では，ただちに訴訟開始や仲裁手続移行に進まないで，双方の冷却期間が置かれる結果になり，解決への糸口が見つかることがあります．一見無意味そうで，実際には，調停手続（mediation），**ADR**（alternative dispute resolution; 代替的紛争解決方法）とともに，有用な条項ということができます．係争金額の小さな係争（disputes）では，訴訟・仲裁の当事者は，常に両者が敗者です．費用対効果を考えれば成り立たないのです．

## (4) pari passu（ラテン語）

「同じ順序で」という意味です．「パリ・パス」と読みます．融資契約などで，ある債権者が他の債権者と回収などの優先順位につき，少なくとも同等として支払われることを取り決める場合，その取り決めを，pari passu といいます．そのような合意条項をパリパス条項と呼んでいます．この用語は，他の英語の用語に置き換えられないほど，実務上定着し，広く用いられています．

<br>

**例文45** **pari passu を使った例文…一般契約**

> The obligation of ABC to make payment to KVC under this Agreement shall rank at least pari passu as to priority of payment with all of the present and future unsecured indebtedness of ABC.

**訳** 本契約に基づくABCのKVCに対する支払義務は，少なくとも，ABCの現在および将来のすべての

担保権のない一般債権者に対する支払いの優先順位と同
等とする.

（解説）　①パリパスの対象を "unsecured indebtedness of
debtor"（無担保債権者）に限定したのは, secured
creditor（担保債権者）は, それぞれの担保によって被
担保債権の支払いを受けるために権限行使ができるの
で, 同順位にはならないからです.

　②劣後債権として, subordinated loan（劣後ローン）
などがあります. たとえば, 株主によるジョイントベン
チャーへの融資で, 銀行や一般債権者から劣後債権でな
ければ認めないと主張されて, その条件で融資を行って
いるケースです.

　③融資などで新規にジョイントベンチャーを支援する
よう要請された企業や銀行は, 少なくとも他の一般融資
債権等とパリパス条件であることと, **negative pledge
条項**を要求します.

　④negative pledge とは, その取引の時点で, 担保等
に提供されていない資産を担保に差し入れたり, 質権設
定したりしない約束を指します. 返済財源を減らさない
ことがねらいです.

## (5) per diem（ラテン語）

　直訳すれば「per day」ですが, 契約書では,「日当」
という意味で使われます.「パー・ディエム」と読みま
す. 専門家による技術・経営指導やエンターテインメン
トの実演（ライブ）などの契約条件を取り決めるとき
に,「技術者1名, 1日あたり, ＿＿＿＿ドルを支払う」
「アーティスト1日あたり ＿＿＿＿ 円を支払う」という取
り決め方をすることがあります. 英語でいえば, "daily

allowance" が一番近いでしょう．リビング・コスト（living costs）の高い地域で，たとえば1日の食事代（meals）を決めて一定額を支払う方式もあります．ホテル代（accommodation），交通費（transportation）の標準額を定めて一定額を決めることもあります．per diem は，個別の実費精算でなく，想定コストによる1日あたり一定額の支払いのことです．ホテル代や交通費が per diem（日当）の金額に含まれているのか，別途支払われるのかは，解釈で争いが起きることがあります．明確に取り決め，確認しておく方がよいでしょう．

## (6) pro rata（ラテン語）

「その割合に応じて」「比例して」という意味です．英語の proportionally などを代わりに使うこともできますが，pro rata という表現の方が一般的といってよいほど使用されています．売買契約などで予想しなかった事態（force majeure）が発生したために生産量が激減し，たとえば KVC 社が，当初の生産予定（4万トン）の4分の1（1万トン）しか生産できなかったとしましょう．KVC 社が売買契約をしていた客先が3社で，ABC 社向けに2万トン，DEF 社，XYZ 社両社向けにそれぞれ1万トンずつ売り渡すと仮定します．その比率が2：1：1であるため，U.C.C.2-615条の規定によれば，公平に比率で割り当てることとなります．したがって，ABC 社に5000トン，DEF 社と XYZ 社にそれぞれ2500トンを割り当てることになります．このように比率に従って公平に割り当てることを pro rata allocation といいます．

## (7) inter alia (ラテン語)

　直訳すると「その他のものと一緒に」であり，英語では"among other things"にあたります．「インター・エイリア」と読みます．例示するときに，列挙した事項がすべてでないことを明確にするために使われます．自分で契約書をドラフトする場合には，英語の"including without limitation"を代わりに使えば，このようなラテン語を使わなくてすみます．ただ，どちらがやさしいか区別できないほど，inter alia は契約書に定着した慣用語になっています．

## (8) per annum (ラテン語)

「1年あたり」という意味です．「パー・アナム」と読みます．英語で，"per year"と置き換えできます．英文契約書では，融資契約での金利の表示のために，このラテン語が頻繁に使われます．たとえば，「eight (8) percent per annum」（年利8パーセント）というように使われます．慣習として，ラテン語にはしばしばアンダーラインを引くことがあります．

　"per annum"を使う場合，金利が端数を伴うことがあります．端数の表示方法に慣れておくことが必要です．小数点以下を記載するのに，分数としての読み方をすることが多いのです．たとえば，8.0625% per annum の場合，金利を詳細に記載するときは，eight and one-sixteenth of one percent（8.0625%）と表示します．0.0625%は，16分の1パーセントにあたるため，このように表現します．融資には固定金利で貸し付ける場合と，金融・金利情勢の変化に応じて変動させる変動金利による場合があります．

## (9) force majeure (フランス語)

2章3節(2)でも紹介しましたが，自然災害のみでなく，ストライキ，戦争，暴動などを含む，いわゆる「不可抗力」を指します．日本語や英語でぴったりの用語がなかなか見つからないので，フォース・マジュールとそのまま呼ぶことが多いのです．履行までの期間が長い取引や，有効期間の長い国際取引契約では，契約時には想定していなかった事態が発生することがあります．不可抗力の事由にあたる事態が発生した場合にどのように解決するのか，あらかじめ契約当事者それぞれの責任・リスク負担を明確にするために不可抗力の規定が置かれます．ただ，現実は厳しく，注意深く不可抗力の規定を置いたつもりでも，なお，その適用範囲や効果をめぐって紛争に発展することがあります．この言葉は，英語の **act of God**（自然災害，不可抗力）に似ていますが，act of God が自然災害を中心にして理解されているのに比べて，force majeure の方がカバーする事象が広く使われています．

**3** 頻出する契約英語の表現

## (1) at the request of ABC; upon ABC's request

「ABCの要請を受けて」「ABCの要請がある場合は」という意味です．サービス契約，ライセンス契約などで，情報，サービス，協力のために派遣することを規定する場合などに，頻繁に使われます．ABCの要請がなければ，派遣しないことでもあります．要請を行うかどうかをABCが決定できることを表現しています．

"when requested by ABC"と言い換えることもできます.

## (2) prevail; supersede

「優先する」「(もうひとつの取り決めに)優先適用される」という意味です. ある契約書を作成するとき, その前に作成した基本契約書や後日作成する関連の契約書との間に条件・内容に差が生ずることがあります. そのような場合に, どちらの契約書の条件・内容を優先して適用したらよいのかは微妙な問題であり, ときに紛争の原因になります. 当事者が自分の側に有利な方の条件を主張すると, 解決の決め手がないからです. そのような問題を見越して, あらかじめ優先順位を決める場合,「優先する」ことを明確にするために使われる代表的な用語が"prevail"と"supersede"です.

**例文46**　prevail を使った例文

If there is any inconsistency between any provision of this Agreement and that of the Joint Venture Agreement, the latter shall prevail.

**訳**　本契約書の規定と合弁契約の規定との間に矛盾がある場合には, 合弁契約の規定が優先する.

**解説**　①本例文の the latter とは, すぐ前に登場する2つの言葉(any provision of this Agreement と that of the Joint Venture Agreement)のうち, 後の方を指します.

　②prevail の素直な意味は,「打ち勝つ」ということです. **書式の戦い(Battle of Forms)**などでいずれが打ち勝つかという問題は, 契約書内容の確定では重要なテ

ーマです.

③supersede には,「取って代わる」という強い語感が
あります. 前者を廃して取って代わるという意味です
ね. prevail は「優先する」です.

## (3) in no event

「いかなる場合でも…でない」ということを意味しま
す. "in any event, ... not ..." とほぼ同じ意味です.

| 例文47 | in no event を使った例文 |

> The term of this Agreement shall end ten (10) years
> from the opening date of the Restaurant, but in no
> event later than December 31, 20＿.

**訳** 本契約の有効期間は,レストランの開店日から
10年間とする. ただし,いかなる場合も,20＿年12月
31日を超えることがないものとする.

**解説** ファーストフードのレストランのフランチャイ
ズ契約などでは,契約期間の終了日を締結日の代わり
に,開業日から何年と決めることがあります.

## (4) set forth

受動態の場合は,「規定された」「取り決められた」と
いう意味です. その直前の "which is" が省略されて使用
されることも多いのです. 契約書では,前の方で規定さ
れた事項について後で引用する場合に使われることが多
い言葉です. 受動態でなく,能動態で使用することもあ
ります.

**例文48**　**set forth を使った例文(1)**

This Agreement sets forth the entire understanding and agreement between the parties as to the matters covered herein and supersedes, and replaces any prior understanding, agreement, statement of intent or memorandum of understanding, in each case, written or oral.

**訳**　本契約は，本契約で取り扱った事項に関する当事者間の完全な了解と合意を規定するものであり，書面によるか口頭によるかを問わず，従前の一切の了解，合意，意図の表明または覚書に対しても，優先するものであり，それらに代わるものである．

**例文49**　**set forth を使った例文(2)**

The headings set forth in this Agreement are for convenience and reference only and do not affect in any way the meaning or interpretation of this Agreement.

**訳**　本契約に規定する見出し語は，便宜と参考のためであり，いかなるやり方であれ，本契約の意味または解釈に影響を与えるものではない．

## 4 秘密保持，契約の存続と中途解約に関する表現

### (1) hold ... in strict confidence

"hold ... in strict confidence" とは，秘密保持を規定する条項での頻出表現のひとつです．「…の秘密を厳重に保持する」という意味です．"keep ... confidential strictly" と言い換えることができます．「厳重に（strictly）」という副詞を「厳重な（strict）」という形容詞を使ってスタイリッシュ（瀟洒）な表現をしているところに特色があります．たとえば，"strictly in accordance with ..."（…に厳密に従って）というところを，形容詞（strict）を使って "in strict accordance with ..." と表現することもあります．

**例文50** hold … in strict confidence を使った例文…
一般契約

ABC and KVC each agrees that it will hold the Confidential Information of the other party in strict confidence. Each party further agrees that it will not make any disclosure of the Confidential Information to anyone without the express written consent of the other party, except to employees, affiliate(s) or consultant to whom disclosure is necessary for the performance of this Agreement. Each party shall take all reasonable steps to ensure the confidentiality of all the Confidential Information.

**訳** ABCとKVCとは，それぞれ相手方の秘密情報

を厳重に秘密のまま保持することに合意する．各当事者
は，さらに本契約の履行のために開示が必要な従業員，
関連会社，またはコンサルタントに対して開示する場合
を除き，相手方の書面による明白な同意なしには，誰に
対しても相手方の秘密情報を漏洩しないことに合意す
る．各当事者は，すべての秘密情報の秘密性を維持する
ために，合理的なあらゆる措置を講ずるものとする．

（解説）　①秘密保持条項には，トレード・シークレット
などの開示を受ける当事者のみが秘密保持を約束する場
合と，本例文のように双方が公平に相手方の秘密の保持
を約束するものがあります．

　②開示先の子会社，関連会社やコンサルタントから
も，秘密保持の誓約書を取り付けることがあります．子
会社，関連会社といっても，将来，M＆Aやリストラ
クチャリング（企業再編）などで，相手方の実質的な経
営者が替わってしまうこともあります．リスクを勘案し
て，方針を決めることになります．子会社，関連会社の
定義をよく読むことも重要です．たとえば，ちょうど
50パーセントずつ資本を保有している場合は，どうな
るのかというような点です．

## (2) upon termination of this Agreement

**例文51**　　upon termination of this Agreement を使
った例文(1)…一般契約；ソフトウエア・ライセンス契約

Upon termination or expiration of this Agreement,
ABC shall return within fourteen (14) days all origi-
nals and copies of the Products and the Confidential
Information provided by KVC to ABC under this

Agreement, to KVC at the expense of ABC in the manner designated by KVC, and shall make no further use of the Products and the Confidential Information of KVC.

**例** 本契約が解除され，または終了した場合は，ABCは，14日以内に，本契約に基づきKVCによりABCに提供された本製品と秘密情報のすべてのオリジナルと複製をKVCが指示する方法により，ABCの費用で返還するものとし，本製品とKVCの秘密情報をそれ以降使用しないものとする．

**解説** ①コンピュータ・ソフトウエアや映像・音楽作品のライセンス，トレード・シークレット・ライセンスやフランチャイズ契約ではソフトウエアやマニュアル，デザイン・ライセンス契約などでは，通常，契約終了後，ライセンス契約の許諾対象であったもの，たとえば，ソフトウエア，マニュアル，映像・音楽ソフト，デザイン，設計図の継続使用が禁止されます．同時に，ライセンスのために，引き渡したそれらのものをライセンサー側に返却させることを明確にします．本例文は，ライセンサー側に立ったそのための規定です．

②terminationとexpirationの違いは，必ずしも明確ではありません．expirationは契約期間の満了による円満な契約終了が主であるのに対し，terminationは契約違反で解除される場合が主ということができるでしょう．

### 例文52　upon termination of this Agreement を使った例文(2)…一般契約，ソフトウエア販売店契約

Forthwith upon termination of this Agreement for any reason, ABC shall:

(1)　deliver to KVC all proprietary and confidential materials furnished to ABC by KVC, including all originals and copies of the Programs in ABC's possession;

(2)　immediately pay all amounts payable under this Agreement; and

(3)　immediately cease all use of the Trademarks of KVC including "Karen", "KVC" and "Robin".

**訳**　　理由の如何を問わず，本契約が解除された場合，ABC はただちに次の事項を行うものとする．

(1)　KVC に対して，ABC の占有するすべての本プログラムのオリジナルとコピーを含む，KVC により ABC に提供されたすべての財産的価値のある情報と秘密情報を返還すること，

(2)　本契約上の支払期限の到来したすべての金額をただちに支払うこと，ならびに，

(3)　「カレン」「KVC」および「ロビン」を含む KVC の商標すべての使用をただちに停止すること．

### 例文52-A　一方からの 45 日間の事前通知で解除できる規定

Article ＿＿＿ Term and Termination without Cause

1. The term of Agreement shall be four (4) years

from the Effective Date.

2. Notwithstanding the above, this Agreement may be terminated by either party with or without Cause upon forty-five (45) days notice.

---

**訳**　1．本契約の期間は発効日から4年間とする．

2．上記にもかかわらず，本契約は，いずれの当事者によっても，事由の有無にかかわらず，45日間の通知により解除することができる．

## (3) survive

契約が解除されたり，有効期間が満了したりして，その効力を失った後も，ある特定の条項の効力を維持させようとすることがあります．たとえば，ライセンス契約の終了後も，その契約に基づいて開示されたトレード・シークレットについて秘密保持義務の規定を存続させるのが，典型的な例でしょう．仲裁条項を存続させることもあります．そのように契約が終了・消滅した後も特定の条項を存続させることを"survive"（存続させる）といい，その条項をsurvival条項と呼んでいます．

**例文53**　**survive を使った例文(1)…一般契約**

Articles ＿＿＿＿ (Confidentiality) and ＿＿＿＿ (Arbitration) shall survive any expiration or termination of this Agreement.

**訳**　第＿＿＿条（秘密保持）と第＿＿＿条（仲裁）は，本契約の失効または終了後も存続するものとする．

**例文54**　**survive** を使った例文⑵…一般契約

Notwithstanding anything herein to the contrary, the provisions of Article _____ (confidentiality) shall survive the termination or expiration of this Agreement.

**訳**　　本契約のいかなる矛盾する規定にもかかわらず，第_____条（秘密保持）の規定は，本契約の解除や失効後も存続する．

## 5　契約の発効，事態の発生，期間に関わる表現

### (1) become effective

「有効になる」「発効する」という意味です．契約書の有効期間を規定する場合の始期を指すために使用されるケースが典型です．同じ意味を示す様々な表現方法がありますが，"become effective"は，もっとも素直な表現方法のひとつです．"come into force" "take effect" なども「有効になる」という意味で置き換えることができます．

**例文55**　**become effective** を使った例文

This Agreement shall become effective as of June 1, 2025, and shall, unless sooner terminated, continue in effect until May 31, 2030.

**訳**　　本契約は，2025年6月1日付けをもって有効と

なるものとし，早期に終了しない限り，2030年5月31日まで継続するものとする.

（解説）　契約で重要な条項のひとつが契約期間です．契約期間では，その開始日と終了日，そして終了後，更新・延長するのかしないのか，その3つの要素の決め方が重要です.

## (2) upon the occurrence of

「(…という事態が) 発生した場合は」という意味です．発生する事態には，不可抗力事態や契約違反など様々なケースがあります．契約書では，将来発生するかもしれない事態を想定して，その場合の当事者の権利・義務を規定し，そのような事態への対応，リスク負担をあらかじめ規定することにより，紛争の予防を図る努力が払われるのです.

**例文56** **upon the occurrence of を使った例文**

Upon the occurrence of any material breach, the non-defaulting party may terminate this Agreement by giving written notice of termination specifying the nature of the material breach. This Agreement shall terminate and become null and void at the end of the thirty (30) day period from the date of receipt of such notice by the defaulting party, without further notice by the non-defaulting party, unless the defaulting party cures such breach within the said thirty (30) day period.

**訳**　重大な違反が発生した場合，違反を行っていな

い当事者は，その重大な違反の性格を記載した書面の解
除通知を与えることにより，本契約を解除できる．本契
約は，違反を犯した当事者が当該解除通知を受領した日
から30日以内に当該違反を是正しない限り，違反を犯
していない当事者から改めて通知する必要なく，上記の
30日期間の終了と同時に，解除され，無効になるもの
とする．

(解説)　①"**material breach**" は，重大な契約違反を指
します．重要でない違反（immaterial breach）と区別し
て使われます．通常，material breach は契約解除の事由
となりますが，immaterial breach は契約解除の事由に
なるとは限りません．ただ，両者をどう区別するかは，
容易ではなく，しばしば当事者間で紛争の原因になりま
す．たとえば，地震や津波，火災が発生しても，その履
行への影響度合いの判断・評価は，両当事者で一致する
とは限りません．個別のケースの一番現実的な解決方法
は，material breach の定義を別途行うことです．

　②契約解除の事由にあたる場合でも，解除までの手続
が曖昧だと紛争の原因になります．本例文では30日の
催告期間を置き，催告期間中に契約違反行為を是正すれ
ば解除されません．

　③販売代理店やライセンス契約，フランチャイズ契約
など継続的な契約で，特約として，一定の契約違反行為
が発生した場合に，何ら通知なくして，当然に（ipso
facto）解除されると規定することがあります．現実に
は，相手方がその事実を知らないときや，解除原因とな
る事由が発生したのかしていないのか，また，いつ発生
したのか，不明瞭なことがあります．

　④事業の更生法や代理店保護法で，解除に対し制限が

設けられていることがあります．その場合，強行法規が
優先します．

### (3) term

「期間」をいいます．契約の実務上は，特に契約の有効
期間（the term of the Agreement）を指して使われるこ
とが多い言葉です．"terms" と複数形になると，条件を
指します．「s」の有無によって意味が異なるので，注意
する必要があります．

　また "term" には，用語・言葉という意味もあります．
契約書の初めの方で，契約書中に繰り返し登場する用語
の定義を規定する場合，定義される言葉・用語を "term"
といいます．定義される用語が複数であれば，"terms"
になります．このように，英文の契約書中の "term"
"terms" は，いくつかの異なった意味・目的で使用され
ますので，どの用途であるか，それぞれ考えて理解する
ことが肝要です．

**例文57**　**term を使った例文(1)…一般契約（「期間」の
意味で用いる場合）**

> The term of this Agreement shall commence on the
> date first set forth above, and shall continue until
> five (5) years from the date hereof unless earlier ter-
> minated.

**訳**　本契約の有効期間は，冒頭に定める契約日から
開始し，早期に終了しない限り，契約日から5年間存続
するものとする．

**解説**　①"the date first set forth above" は，契約の日

付のことです．契約書の冒頭の日付という意味です．
"the date hereof" "the date of this Agreement" と置き換
えることができます．

②"unless earlier terminated" は，"unless sooner
terminated" と同じ意味です．契約に定める契約の終了
の日より早く終了しない限り（"unless this Agreement is
terminated earlier than the last day of the said five (5)
years from the date of this Agreement"）という意味で
す．

**例文58** **term** を使った例文(2)…一般契約（「用語」の
意味で用いる場合）

> The term"Dollars"in this Agreement means the law-
> ful currency of the United States of America.

**訳** 本契約中の「ドル」という語は，アメリカ合衆
国の法定通貨を意味する．

**例文58-A** （ライセンス契約を）更新権により，延長で
きるという規定

> 1. The initial term of this Agreement shall be five
>    (5) years from the effective date of this Agree-
>    ment, subject to the renewal or extension or ex-
>    tensions set forth below.
> 2. The Licensee may, at its sole discretion, at any
>    time between sixty (60) days prior to the expira-
>    tion of this Agreement (or any extended period),
>    renew such Agreement for further five (5) addi-
>    tional years each on the same terms and condi-

> tions as those applicable in the original period.

**訳** 　1. 本契約の当初の有効期間は，本契約発効日から5年間とし，以下に規定する延長規定に従う．

　2. ライセンシーは，その随意判断により本契約（またはその更新契約期間）の満了の60日前からその該当期間満了の日まで，期間中いつでも書面通知により，さらに5年間ずつ元の期間に適用されるのと同じ条件で更新できる．マスター・フランチャイジーになるときには，更新権が重要になる．

**例文58-B** 　一方的な更新権の規定（バリエーション）

> Article _____ Term and Option to Renew
> The term of this Agreement shall be for a period of four (4) years from the date of this Agreement, with an option to extend for an additional period of four (4) years each at the choice of ABC provided, that such options shall be exercised by ABC by giving a written notice to the other party, within thirty (30) days prior to the end of the term of this Agreement or any extension.

**訳** 　第 _____ 条　期間と更新オプション

　本契約の期間は，本契約の日から4年間とし，ABCの選択により，さらに，4年間ずつ延長できるものとする．ただし，かかるオプションは，ABCにより，相手方への書面通知により，本契約終了またはその更新された契約終了の30日前までに行使されなければならない．

## 6　子会社，関連会社を表す表現

### (1) subsidiaryとaffiliateの違い

　subsidiary という用語は，通常は「子会社」と訳します．親会社（parent company）に対して，子会社という用語があります．子会社は，親会社によって所有され，支配されている会社のことです．50パーセントの株式を保有するときは子会社かどうか，51パーセント（50% 超）の場合はどうかなど，境界線の問題があります．議論が分かれるところです．このような場合には，実務的には契約書で定義によって明確にすることが多いのです．"affiliate(s)" という用語は，通常「関連会社」と訳されます．"subsidiary" と共通の部分もありますが，親会社，姉妹会社，子会社等が含まれます．したがって，affiliate(s) の方が subsidiary よりカバーする範囲が広くなります．

### (2) subsidiaryを使った例文

**例文59**　subsidiary を使った例文(1)…一般契約

The term "subsidiary" shall mean a corporation, more than fifty percent （50%） of whose outstanding shares representing the right to vote for the election of directors, are, now or hereafter, owned or controlled, directly or indirectly, by a party hereto.

　**訳**　「子会社」という語は，取締役の選任のための議決権を表章する株式の50パーセント超が直接的また

は間接的に，現在または今後に，所有されるか支配される会社を意味する．

（解説）　①"more than 50%" は，50パーセント超であって，50パーセントちょうどの場合を含みません．51パーセントは典型的な50パーセント超の例ですが，50.4パーセントでも50パーセント超の条件を満たします．

　②"not less than 50%" の場合は，50パーセント以上であって，50パーセントを含みます．契約書で "more than 50 percent" を誤って「50パーセント以上」と訳してしまうと，後の紛争の原因となることがあります．注意をしなければならないポイントです．「以上」「超」は，日本国内での使い方が曖昧なために，翻訳の場合，問題の原因になりやすいともいえるでしょう．

　③実務や契約で，"subsidiary" を使うときに，50パーセント超のみでなく，50パーセント以上を保有する会社を含むケースもあります．そのために，定義は正確にしなければなりません．どこまでのコントロールで子会社と定義するかは subsidiary が契約の中で果たす役割と目的を勘案して決定します．

**例文60**　**subsidiary を使った例文⑵…ライセンス契約**

Subject to the provisions of Article ＿＿＿ of this Agreement, each party, as Grantor, on behalf of itself and its Subsidiaries, grants to the other party, as Grantee, a worldwide and nonexclusive license under the Grantor's Licensed Patent and Copyrights; (1) to manufacture, import, sell and otherwise transfer the Licensed Products; (2) to have made the Licensed Products by another manufacturer for the sale by Grantee.

**訳**　本契約第_____条の規定に従い，各当事者は，ライセンス許諾者として，自社とその子会社を代表して，被許諾者としての相手方に対し，ライセンス許諾者の許諾特許と著作権に基づく世界を対象（許諾地域）とした非独占的なライセンスを許諾する．そのライセンスは，(1)許諾製品を生産，輸入，販売または他の方法により移転させる権利と，(2)被許諾者が販売するために本製品を他の製造者に生産させる権利である．

**解説**　①契約の当事者は1社でも，実際の履行には，その関連会社・グループ会社・事業提携会社などの協力を得ることがあります．そのような場合に使われる表現のひとつが，"on behalf of itself and its Subsidiaries"（当事者とその子会社のために）です．

②"Grantor"は，ライセンス許諾者，"Grantee"は，ライセンスの許諾を受ける者です．一般に「_____or」「_____er」は与える側を指す用語が多く，「_____ee」は，受ける側が多いのです．たとえば，Licensor（ライセンサー；ライセンスを許諾する側）とLicensee（ライセンシー；許諾を受ける側），Lessor（レサー；リース契約の貸主）とLessee（借主）があります．Franchiser（フランチャイザー）とFranchisee（フランチャイジー）もその一例です．

③本例文では，Grantor, Granteeという用語を使いましたが，それぞれ，Licensor, Licenseeと置き換えて使うことができます．むしろ，実務上は，Licensor, Licenseeの方が頻繁に使われます．

## 7　差し止め，仮差し止めに関する表現

### (1)　injunctive remedies; injunctive relief; preliminary injunction

「差し止めによる救済」をいいます．契約に基づく履行義務違反に対しては，契約違反をしない当事者には通常，損害賠償請求権が与えられます．英米法上，このような金銭による賠償をremedy at lawと呼ぶことがあります．コモンロー上の救済を指しています．しかし，このような金銭的な賠償だけでは，十分な救済・保護にならないケースもあります．そのような場合に，裁判所によって違反者側に特定の行為を差し止めたり，行うことを命じる判決を求めたいことがあります．たとえば，特許権や商標権・著作権侵害行為の差し止めです．契約違反によるライセンス契約の終了時には，果たして，元のライセンスにより建設した工場の生産・稼動を差し止められるかどうかが紛争になることがあります．そのような特定の行為（特定履行）を命ずる前の救済方法をspecific performanceによる救済と呼びます．そのうち，違反行為の差し止めを求める救済を **injunctive relief** と呼びます．このような救済は，英米法の発展の歴史では，衡平裁判所（equity court）によって与えられていた救済であって，remedy in equityと呼ばれていました．

　その injunctive remedies を確保しようとするとき，**injunctive remedies**（specific performance）を規定する特約条項が置かれます．また，**preliminary injunction** とは，仮差し止めを指しています．本訴の決着を待っていては取り返しのつかない損害が発生してしまうような

緊急事態の場合に，訴訟を提起してすぐに一方の行為を仮に差し止めようとするものです．

　秘密保持契約やライセンス契約では，頻出する表現です．英米法の基本知識がないと当初理解しにくいのですが，英国でのコモンロー裁判所に並立した衡平裁判所の歴史を学ぶと理解が容易になります．英米法の知識や歴史を修得することで英文契約書の理解度を高めることができます．

## (2) injunctive reliefを使った例文

**例文61**　injunctive relief を使った例文(1)…一般契約；ライセンス契約

> ABC and KVC acknowledge and agree that, in the event of a breach or threatened breach by ABC of this Agreement, KVC will have no adequate remedy at law and, accordingly, shall be entitled to injunctive and other equitable relief against such breach or threatened breach in addition to any remedy it might have at law or in equity.

**訳**　ABC と KVC は，ABC により本契約の違反がなされた場合または違反のおそれがある場合，KVC が，コモンローでは十分な救済が受けられないということ，したがって，KVC が，コモンロー上または衡平法上，有する救済手段に加え，かかる違反または違反のおそれに対して，差止命令その他の衡平法上の救済を受ける権利を有することを認め，それに同意する．

**解説**　"in the event of ... threatened breach" は，現実

には，秘密の漏洩や知的財産権の侵害など違反行為・侵害行為が起こっていない時期・段階で救済措置を求めるための規定です．秘密保持義務についていえば，違反が起こってしまった後の禁止では，もはや回復不可能，手遅れであり，救済措置は違反行為を未然に防ぐために必要だ，という考え方からドラフトが作成されています．KVC が "adequate remedy" を受けられないという理由づけに加えて，KVC が "irreparable harm"（回復不可能な損害）をこうむると言って，差止め救済の必要性を強調することもよく行われます．たとえば，トレード・シークレットとしての製品の製法やフォーミュラ（方法）が公表されてしまえば，それだけでその商業上の価値がゼロになる可能性があります．ライセンス契約で禁止された商標権流用・侵害行為でいえば，ライセンス生産を許諾された品目がハンドバッグと紳士用カバンのみであるにもかかわらず，ネクタイや衣料品，化粧品，玩具にまで同じ商標を使った商品を下請け製造・販売する計画やその準備にとりかかった場合なども，threatened breach に該当するといえます．実務上，具体的なビジネスでどのような行為が，threatened breach となるかは，実際には，具体的な例示をしないと立証が難しい問題です．

**例文62** **injunctive relief を使った例文⑵…一般契約，秘密保持契約レター・アグリーメント**

I agree that it would be difficult to measure the damage to KVC from any breach by me of the cove-nants set forth in Articles _____ and _____ hereof, that injury to KVC from any such breach would be impossible to calculate, and that money damages

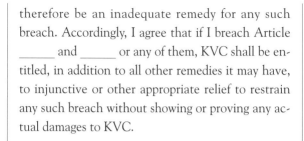

therefore be an inadequate remedy for any such breach. Accordingly, I agree that if I breach Article _____ and _____ or any of them, KVC shall be entitled, in addition to all other remedies it may have, to injunctive or other appropriate relief to restrain any such breach without showing or proving any actual damages to KVC.

**訳**　私は，本契約第 _____ 条および第 _____ 条に定める秘密保持の誓約に私が違反した場合の KVC に対する損害賠償額を算定することが困難であること，かかる違反による損害が計算不能であること，したがって金銭的損害賠償がかかる違反の賠償として不十分な救済であることに同意します．したがって，私は，私が第 _____ 条および第 _____ 条またはそのいずれかに違反したときは，KVC が有する他のあらゆる救済手段に加えて，KVC の実際の損害を証明または立証することなく，当該違反行為を禁止するために差し止めまたは他の適切な救済措置を受けられることに同意します．

**解説**　①本例文は，個人として秘密保持義務を負うことを約束する誓約書の一部です．秘密保持義務を企業間の秘密保持契約のみでなく，従業員やコンサルタント個人として差し入れさせることにより，秘密保持の強化を図ります．多額の研究開発費を投じて新製品の開発にあたる場合や，外国等の新技術やトレード・シークレットを導入して新規事業に取り組むケースなどで，雇用者が研究員・技術者等の従業員から取り付けることもあります．
　②研究開発部門の従業員が退職する際に，雇用者が退

職金の支払いと引き換えに本条と同様の趣旨の秘密保持
義務・インジャンクション（差し止め）への同意書をと
ることがあります．そのねらいは，元の従業員が秘密保
持誓約に違反して，競合する新規事業を起こし，新製品
を市場に出すのを，裁判所に申し立て，阻止することに
あります．技術やトレード・シークレットの流出防止と，
競争者排除の両面があります．その差し止めの範囲（商
品・サービス，地域等）や期間が広範・長期に及ぶと，
職業選択の自由や人権の侵害問題を起こしかねません．
労働法，憲法，独占禁止法等が関わってくる領域です．

## 8  期限の到来に関する表現

### (1) due and punctual performance

「的確な期限通りの履行」という意味です．"due"にも，
「期限の到来した」という意味があります．"punctual"
は普通の用語としては，「時間に正確な」という意味で
すが，契約では，契約期日を正確に守るという意味にな
ります．特に **"time is of essence"**（契約の期日通りに
履行することが極めて重要である）と特約がある場合に
は，期日通りの履行が重要です．due and punctual
performance の保証は，親会社（parent company）・銀行
等による履行保証状の場合にも，いわば決まり文句とし
て使われます．

> **例文63** **due and punctual performance** を使った例
> 文…保証状

The undersigned ("Guarantor"), hereby unconditionally guarantees as and for its obligations, until full performance is effected by or on behalf of ELNOX in accordance with the terms and conditions of the license agreement between KVC and ELNOX, a copy of which is attached hereto, ("the License Agreement"), (1) the due and punctual performance by ELNOX of any and all obligations of ELNOX set forth in the License Agreement and (2) payment when due of any sums which may become due on the part of ELNOX under the License Agreement.

Guarantor hereby waives any right of first requiring KVC to pursue its legal remedies against ELNOX.

**訳**　　下欄に署名する者（「保証人」）は，KVCと ELNOX間のその写しを本保証状に添付するライセンス契約（「ライセンス契約」）の条件に従い，ELNOXによりまたはELNOXに代わり完全な履行が行われるまで，保証人の義務として，また自己の義務として，無条件に下記事項を保証する．

(1)　ライセンス契約に定められたELNOXの一切の義務のELNOXによる適正かつ期限通りの履行および，

(2)　ライセンス契約によりELNOXの側が支払わなければならなくなる一切の金額を期限通り支払うこと，を保証する．

保証人は，保証人が有しうる権利にしてELNOXに対する法的救済を尽くすようKVCに対して要求する権利を放棄する．

（解説） ①"the right of first requiring KVC to pursue its legal remedies" は，日本法でいえば，いわゆる検索の抗弁権にあたるものです．この例文の規定のねらいは，その抗弁権を放棄させることにあります．

②unconditionally は，「無条件で」という意味です．たとえば，本来の債務者がその債務の履行を怠ったことを立証しなくても，ただちに保証人の義務履行を求めることができます．

## (2) due and payable

代金支払いや融資金返済の「期限が到来して，支払義務が発生している」という意味です．当初の契約通りに支払期限が到来して支払われなければならないという状態の場合と，あらかじめ約定した Events of Defaults（契約違反の事由）の発生によって，一方の宣言・通知により，支払期限が繰り上がって到来するケースとがあります．いわゆる期限の利益喪失による期限到来です．

**例文64** **due and payable を使った例文(1)…融資契約**

Upon the occurrence of the following events ("Event of Defaults"), the Lender may by notice to ABC, declare the Loan together with all accrued interest to be forthwith due and payable:

(i) ABC fails to pay when due any amount of principal of the Loan, interest, or any other amount payable under this Loan Agreement; or,

(ii) ABC defaults in the performance of any term, condition or agreement contained in this Loan Agreement.

**訳**　　下記の事態（不履行事態）が発生した場合，貸主は，ABCに対する通知により，本融資金がそのすべての利息とともにただちに期限到来となり，支払義務があると宣言することができる．

(i)　ABCが本融資契約に基づき支払うべき本融資金の元本の返済または利息その他の費用の支払いを期限通りに行わないとき，

(ii)　ABCが本融資契約に含まれたいずれかの条項，条件または約定に違反したとき．

**解説**　　本例文は，いわゆる期限の利益喪失約款と呼ばれるものです．ローン契約での典型的な契約違反・不履行にあたる事項が発生した場合に，貸主側がその任意で，通知のみで，借主，例文ではABC社の期限の利益を喪失させて，ただちに支払うよう請求できます．

**例文65　due and payable を使った例文(2)…ライセンス契約**

The License Fee shall be payable in two installments as follows:

(a)　U.S. $ 100,000 due and payable no later than April 30, 20 _____ , as the first payment:

(b)　U.S. $ 200,000 due and payable no later than December 31, 20 _____ , as the second payment,

**訳**　　ライセンス料は，次の通り，2回の分割で支払われるものとする

(a)　1回目の支払い：10万米ドルを20＿年4月30日までに支払う，

(b)　2回目の支払い：20万米ドルを20＿年12月31日

　までに支払う,

## (3) jointly and severally; unconditionally

　"jointly and severally" や "unconditionally" は, 保証状などで頻繁に使用される用語です. それぞれ「連帯して」「無条件で」という意味で使われます. たとえば, 融資契約の借入人（Borrower）の 100 万ドルの借り入れ債務について, 保証人 2 人が "jointly and severally with the Borrower" という条件で保証するとします. この場合は, 貸主（Lender；被保証人）は, 返済期日に借主, 保証人のいずれか一方に対して, 任意にその未返済額を支払うよう請求できます. "unconditionally" という用語も同じねらいで使います. "jointly and severally" や "unconditionally" という言葉を加えて保証したときは, 保証人は貸主に対して, 保証債務の履行の前にまず借主にその債務の履行を要求して借主から取り立てるようにし, 万一, 借主が返済できないときに限り保証債務を履行すると主張することができません. いわゆる催告・検索の抗弁権を放棄したことになります. 保証人にとって非常に厳しい保証です. これを連帯保証と呼ぶことがあります. 連帯保証は借入契約だけでなく, 売買契約, 請負契約などの契約の履行保証としても使用されることがあります.

| 例文66 | unconditionally を使った例文…保証状 |
| --- | --- |

The Guarantor does hereby guarantee unconditionally until full performance is effected by Rie, Sayaka & Company Limited (hereinafter referred to as "RSC") in accordance with the terms and condi-

tions of the Agreement, (1) the due and punctual
performance by RSC, of all obligations under the
Agreement, and (2) the payment when due of all
sums which may become due on the part of RSC un-
der the Agreement.

**訳**　　保証人は，(1)契約によるすべての債務の梨絵，
さや香アンドカンパニーリミテッド（以下「RSC」とい
う）による適正かつ期限通りの履行，および(2)契約によ
りRSCが支払わなければならなくなったすべての金額
を期限通りに支払うことを，当該履行が契約条件に従い
RSCによって完全になされるまで，無条件で保証する．

**解説**　　①本例文は，保証人がRSCの債務の履行につ
いて保証するケースです．

②例文の冒頭は，The Guarantor guarantees（動詞，
述語）という自然なスタイルを使ってもよいのです．強
調するために，"Guarantor does guarantee"と言ってい
ます．

## 9　　subject to の読み方

英文契約書では，"subject to"という用語が，いくつ
かの異なった場面で，異なった意味で使用されます．ど
のような場面で使用されるのか，具体的な条項を取り上
げて紹介します．

### 例文67  subject to を使った例文(1)…留保つき；一般契約

Subject to the termination provision of Article
_____ , this Agreement shall remain in full force
and effect from the date of this Agreement to and
including March 31, 20__ .

**訳**  第_____条の終了規定により終了する場合を除き，本契約は，契約日から20__年3月31日まで有効とする．

**（解説）** ①subject to で始まる句に記載された事項が例外となります．

②"subject to the termination provision of Article
_____ ," は，次のように言い換えることができます．
"unless earlier terminated pursuant to the provisions of
Article _____ (Termination)," （本契約は，第 _____
条の解除の規定に従って，期限より早期に解除されない
限り，）

### 例文68  subject to を使った例文(2)…条件付；一般契約

Any modification of this Agreement shall be subject
to the agreement of both parties in writing.

**訳**  本契約の変更は両当事者間の書面による合意を条件とする．

**（解説）** 本例文の趣旨は別の方法でも表現できます．
"This Agreement may be modified by a written

agreement of both parties." (本契約は，両当事者の書面による合意によって変更することができる.)

| 例文69 | **subject to を使った例文(3)…一般契約** |

> This Agreement shall be subject to the approvals of the board of directors of ELNOX and the government of _____ (country).

**訳** 本契約は，ELNOX の取締役会の承認および_____(国)政府の許可を得ることを条件とする.

**解説** 重要で契約の金額が大きなプロジェクト，合弁事業，長期契約などの場合，契約交渉チームのメンバーの権限を超えて何らかの約束や確認を書面化して調印しなければならない場合があります. そのようなケースに，窮余の一策として，取締役会の承認を条件として，調印されることがあります.

## 10 「最大限の努力をする」という表現

### (1) make its best efforts；use its utmost efforts

それぞれ「最善の努力をする」「最大限の努力をする」と響きはいいですね. ところが，この言い回しを契約書に使う側の実際のねらいは，履行できなくとも契約上の不履行として賠償責任を負わないことにあります. 通常の規定の中に "to the extent possible" という慣用句を挿入して事実上の履行責任を回避することもよく行われます. 約束する側からすれば，一手販売店契約や独占的ライセンス契約で一定数量あるいは一定金額以上の生産・

販売を義務として約束する代わりに，努力を約束する方法で合意したいケースがあります．

　いずれも努力条項の語句がなければ単純な義務の規定になってしまいます．この語句が挿入されることによって，その義務を履行できなくとも契約違反にならず，履行責任，損害賠償責任を免れることになります．

　make its best efforts 等を使う典型的な例のひとつは，覚書やレター・オブ・インテントで取締役会や政府の許可を取得することについて，最善の努力を尽くすことを約束する場合です．ビジネス実務上重要なもうひとつのケースは，上述の一手販売契約や独占的ライセンス契約，長期売買契約で最低販売数量達成の規定の代わりに，努力条項として規定する場合です．また，不可抗力の場合などに最善の努力を尽くして履行する義務を負い，それでも履行できないときは免責と定めることがあります．ただ，実際に履行するよう努力したという証明は必要になります．初めから履行する気がなく，履行しようという姿勢も努力もしなければ，契約違反になります．

## (2) 努力規定の表現には, 様々な用語・方法がある

　同じ努力規定をあらわすのに **use best efforts；make every reasonable efforts** という表現方法もあります．響きとしては，utmost efforts（最大の努力）や best efforts（最善の努力）に比較すると，reasonable efforts（合理的な努力）の方が要求される履行努力の度合いが弱い印象を与えます．違反や損害防止の仕方についていくつかの選択がある場合に，そのうちのひとつの手段を選んで防止に努めたときは，合理的な努力をしたといえ

るでしょう．しかし，相手方は，もっとよい防止方法が
ある場合，そちらを選ばなければ"best efforts"を尽くし
ていない，と主張するかもしれません．ただ，現実の場
面で本当に異なるかどうか，異なるとしてどの程度かは
必ずしも明確ではありません．むしろ，make its best
effort 条項でよいのか，それとも水準を下げても必ず履
行させたい規定を選ぶか，契約交渉実務の現場での課題
になるでしょう．

**例文70**　**make its best efforts を使った例文…不可抗
力の規定；一般契約**

Both parties shall use their best efforts to comply
with the terms of this Agreement, but they shall not
be liable for failure to do so by reason of causes be-
yond their reasonable control, including, but not
limited to, laws and regulations of the government
of ＿＿＿＿ , war, strikes, lockouts, explosions, epi-
demics, riots, or currency exchange regulations.

**訳**　　両当事者は，本契約の条件を遵守するために最
善の努力を払うものとするが，両当事者とも，当事者の
合理的な制御を超えた事由により，それを怠ったことに
対しては，責任を負わないものとする．上記の事由は
＿＿＿＿政府の法律や規制，戦争，ストライキ，ロックア
ウト，爆発，疫病，暴動，あるいは為替規制を含み，そ
れに限られない．

**解説**　①本例文は，いわゆる不可抗力（force
majeure）と呼ばれる事由によって契約で約束した事項
を履行できないときは，免責とする規定です．不可抗力

規定の場合，最善の努力を尽くす規定がなくても結果は変わりません．

　②"beyond" は，「超えた」という意味です．"within" の反対にあたります．"beyond one's control" は，コントロールが及ばない範囲内，"within one's control" は，コントロールが及ぶ範囲内のことを指します．

　③"including, but not limited to" は，例示するための語句です．列挙するがそのリストアップした事項に限定されないことを明確にしています．"including, but not limited to" は，"including without limitation" と置き換えることもできます．

**例文71** **make every reasonable effort を使った例文…販売努力規定；ライセンス契約；販売店契約**

NATSUMIX Corporation（"NATSUMIX"）shall make every reasonable effort to promote and develop the sales and marketing of the Products in the Territory and bear and pay for expenditures necessary to promote and advertise the Products in accordance with the marketing and advertisement plan of NATSUMIX approved by KVC.

**訳**　NATSUMIX コーポレーション（「NATSUMIX」）は，本販売地域で，本製品の販売・マーケティングを推進し，促進するために合理的なあらゆる努力を払うものとし，KVC が承認した NATSUMIX のマーケティング・宣伝計画に従い，本製品を宣伝し広告するために必要な費用を負担し，支払うものとする．

**解説**　本例文は，文字通り，販売・マーケティングの

ためにあらゆる努力を尽くすという規定です。実務上は，具体的な商品ごとに年間の販売達成目標を掲げて，その達成のために最大の努力をするという規定を設けることもできます。最低販売数量達成義務と異なり，達成しなくとも違反ではありません。しかし別の規定で，目標が達成できないときには独占的な販売権あるいは独占的なライセンスが維持できず，翌年度より非排他的契約に切り替えることなどが行われます。

## 11 High Safety Required Use（高度の安全性を要求される用途）に関する表現

製品を供給する場合，半導体製品や部品等のメーカーなどが，契約対象製品や部品が高度の安全性を要求される用途向けに製造されたものでないことを明示したいことがあります。そのような用途（"a particular use" の例）向けに販売しないよう，販売店に義務づけ，確認し，買主にも確認します。Life Endangering Appications と呼ばれることもあります。契約技術としてもっとも高度で，難易度が高い領域のひとつです。

**例文71-A** **High Safety Required Use**

Article _____ High Safety Required Use
1. The Purchaser acknowledges and agrees that the Products are not designed, developed or manufactured for the use accompanying fatal risks or dangers that could lead directly to death, personal injury, severe physical damage or other loss (hereinafter"High Safety Required Use"), includ-

148

ing, without limitation, medical life support device and system, aircraft flight control, air traffic control, mass transport control or nuclear reaction control.

2. Accordingly, the Purchaser agrees not to use the Products for the purpose of, or in connection with the High Safety Required Use.

3. The Seller shall not be liable against the Purchaser and/or any third party for any claims or damages arising in connection with the High Safety Required Use.

**訳**

1. 買主は，本製品が，生命維持のための医療用機器またはシステム，航空機の飛行制御，航空交通管制，大量輸送システムにおける運行制御，または原子炉を含む，直接的に生命，身体もしくは他の損失につながる致命的なリスクもしくは危険性を伴う用途（以下「ハイ・セーフティー（高度の安全性を要求される）用途」）に使用されるために，設計，開発または製造されたものではないことを確認し，合意する．

2. したがって，買主は，本製品を高度の安全性を要求される用途のためには，または，かかる用途に関連しては，使用しないことに合意する．

3. 供給者（売主）は，買主または第三者が，本製品を高度の安全性を要求される用途に関連する使用から発生するクレームまたは損害に対し，責任を負わないものとする．

# 第5章 但し書き，例示・除外，金額・数字，期限・期間の表現

| 1 | 但し書きを表す表現 |

## (1) provided, however, that

但し書きとしては，"provided, however, that" が，もっともやさしく一般的に使われている表現です．"however" や "but" を使用したドラフトを見かけることもありますが，"provided, however, that" あたりが一番定着した慣用句でしょう．"provided" の元の意味は，「規定された」で，"provided that ..." は「…を条件とする」という意味です．

## (2) provided, however, thatを使った例文

**例文72** provided, however, that を使った例文(1)…
映像作品ライセンス契約

In order for KVC to maintain the quality of the Licensed Products and KVC's reputation in the industry, the Licensed Products shall be exhibited exactly as delivered to ABC, except that (i) ABC may make such translations into the Japanese language, and (ii) ABC may make cuts to conform to time segments or to conform to applicable laws of Japan; provided, however, that ABC shall not alter KVC's logo, the title or copyright notice.

**訳** KVC が本許諾製品の品質と産業界における評判を維持できるように，本許諾製品は，以下の点を除き，ABC に引き渡した状態のままで上映されるものと

する：(i) ABCは，日本語の翻訳版を作成することができる．(ii) ABCは，放映時間に適合するよう，また，日本の適用法を遵守するように，短縮することができる．ただし，ABCは，KVCのロゴ，タイトルまたは著作権表示を変更してはならない．

（解説）①劇場映画・テレビ映画など映像作品のライセンスでは，ライセンサー側は，作品とプロダクションの名声の維持のために，なるべく元の作品のまま上映することを要求します．

②ただし例外として，そのマーケットに合わせてその国の言語の作品を制作することは，ライセンスの条件で認められます．また，地上波テレビやケーブルテレビ，衛星放送のために，適切な長さに短縮・編集したり，その国の規制を受ける箇所をカットすることも必要となります．そのような例外を認めた上で，基本的には元の作品のまま（変更を加えず）上映することを求めたのが，この規定です．

**例文73**　**provided, however, that を使った例(2)…合弁基本契約**

The Board of Directors may act at a meeting at which a quorum is present by the affirmative vote of a majority of those present at such meeting, provided, however, that the following matters shall require the unanimous consent of all directors present at such meeting:

(1)...

　訳　　取締役会は，定足数の取締役が出席した会議

で，出席取締役の過半数の賛成投票により決議することができる．ただし，下記の事項は，出席取締役全員の全会一致の同意を要する．

(1)…

（解説）　①合弁事業契約では，数社の株主が参加し，取締役会はそれぞれの株主が指名する取締役によって運営されます．合弁事業では，パートナー間の方針が異なることがありえます．一方のパートナーが希望しない事業方針を合弁会社が決定・推進しないようにするために，本例文では，重要事項は出席した全取締役の一致でなければ決議できないこととしています．

②一般的に "quorum" は，取締役会や株主総会などの会議で，会議として成立するために必要な最低の数をいいます．

③ "unanimous" は，「全員一致の」「全員の」の意味です．

## 2 例示と除外を表す表現

### (1) 例示の表現

例を列挙し，しかも，それだけに限定されないという規定の仕方は，英文契約書では，きわめて頻繁に使われます．このような場合にもっとも一般的に使用される慣用句は，先に紹介した "including, but not limited to" と "including without limitation" です．この例示のために使われる用語と表現，例文については，すでに不可抗力条項の紹介と説明（第2章3節）で紹介したので参照ください（→例文8　including, but not limited to;

including without limitation を使った例文）．

## (2) 除外事項の表現

　除外事項を表現するためのもっとも基本的な用語は "**except**" です．たとえば，"except where" "except that" や "except for" "except upon" "except as" などが慣用句として使用されます．"except" 以外の用語では，"unless" を使用することも多いでしょう．例外的なケースを列挙して，基本ルールとは異なるルールが適用されることを規定する方法もあります．

**例文74　except を使った例文…販売店契約**

1　Except as provided in Paragraph 2 of this Article, KVC appoints ABC as its exclusive distributor of the Products in the Territory. It is understood that ABC is an independent contractor to KVC, and further that ABC and/or its agents, dealers, and employees are in no way legal representatives or agents of KVC for any purpose whatsoever and have no right or authority to assume or create, in writing or otherwise, any obligation of any kind, express or implied, in the name or on behalf of KVC.

2　KVC reserves the right to sell the Products to Thousand Springs & Maihoo-Kai Limited (here-inafter referred to as "MLS") under the existing agreement between KVC and MLS dated May 12, 20＿, which shall expire May 11, 20＿. KVC agrees that it will not renew or extend the term of

the said agreement without the prior written
consent to ABC.

**訳**　　1　本条第2項で規定される場合を除き，KVC
は，本販売地域における本商品についての一手販売店と
してABCを指定する．ABCはKVCとは独立した契約
者であること，さらに，ABCならびに／またはその代
理店，ディーラーおよび従業員は，いかなる目的であ
れ，いかなる意味でもKVCの法律上の代表者でも代理
人でもなく，KVCの名前によりありあるいは，KVCのため
に，明示的・黙示的であるかを問わず，いかなる種類の
義務も，書面または他の方法で，負担し，または創出す
る権利も権限も持たないことを了解する．

2　KVCは20＿年5月12日付けで締結済みのサウザン
ド・スプリングス・アンド舞法会リミティッド（以下
「MLS」という）との契約に基づき本商品をMLSに販売
する権利を留保するものとするが，上記のMLSとの契
約は，20＿年5月11日に期間満了するものである．
KVCは，上記のMLSとの契約期間をABCの事前の書
面による同意なしに更改または延長しないことに同意す
る．

**解説**　　①"except"という用語を使った除外事項を示す
フレーズは，冒頭から始まることが多いのです．その具
体的な除外事項が何かを規定するにはその事項を別項目
で丁寧に規定することが一番よいのです．本例文でも，
1項で除外事項があることを明確にした上で，そのすぐ
後に，別のパラグラフで規定しています．

　②本例文の第2項の除外事項は，KVC社が以前から
本製品を供給している先のMLS社に対する販売だけは，

KVC社からの直接販売を継続するというものです．
ABC社としてこのような例外に同意するときは，その
客先が最終ユーザーなのか，さらに再販売したり販売代
理店を起用したりすることができるかどうか，しっかり
確認する必要があります．たとえ1社の例外であって
も，自己使用（最終需要家）ならともかく販売店だとす
ると，マーケティング上，困難を伴うケースがありうる
でしょう．本例文では，既存の契約の満了期限を明示し
た上，次の延長や更改については，ABC社の同意を条
件とするとして調整を図っています．万一，KVC社に
よるMLS社への販売継続がABC社のマーケティング
上，支障になる場合は，延長に同意しなければよいので
す．

### 例文75　except, unless を使った例文

Upon termination of this Agreement for any reason
whatsoever, ABC shall, unless otherwise agreed by
KVC, immediately cease to sell the Products, except
for the Products which ABC has sold to its custom-
ers prior to the termination.

**訳**　　いかなる理由であれ，本契約が終了した場合に
は，KVCによる別段の同意がない限り，ABCは，かか
る契約終了の前にその顧客に販売済みの本製品を除き，
本製品の販売をただちに停止するものとする．

**解説**　　①"unless otherwise agreed by _____"は，除
外事項を示す定型的な慣用語です．では，そのような合
意があるものかどうか，また，あるとすれば，どこでど
のように規定されているかは，その条文や契約書を見て

も，わからないことも少なくありません．それほど慣習的に広く使われる表現なのです．

　②同じ契約書中に例外的な規定があるときは，適用しないという趣旨の場合は，"unless otherwise provided in this Agreement," というように取り決められます．"Unless otherwise provided herein," あるいは "unless otherwise set forth herein," "unless otherwise stipulated herein," などに置き換えることもできます．いずれも，「本契約で別途取り決めない限り」という意味です．

| 3 | 金額，数字，割合を表す表現 |

### (1) 金額の表現

　英文契約書では，数字，日付，期限のように重要な事項については，タイプミスや，記入した数字の読み間違い，解釈違いを防ぐために様々な工夫がされます．その工夫のねらいは，必ずしもミスを防ぐことだけにあるわけではありません．一部で行われることがある不正行為から守るというねらいを持った工夫もあります．特に支払金額に関連して，数字が用いられた場合は，アラビア数字による表示だけだと，「1」は，少し付け加えると，「4」にも「7」にもなりやすいものです．数字の間に隙間があれば，「1」などを書き込まれるという隙ができます．「1」を書き込まれると，1桁違った数字になってしまいます．

　同じような不正行為を防ぐため，日本語の契約書では，「1」「一」を「壱」，「2」「二」を「弐」，「3」「三」を「参」，「20」「二十」を「弐拾」というように漢数字を使

って表示する方法がとられます．「一」は「七」と書き
加えたり，「二十」は「三千」に書き換えることもあり
うるからです．では，英文契約書ではどうするか，例文
を使って，紹介しましょう．

**例文76 契約金額の表示(1)…米ドル，売買契約**

The Price of the Product sold under this Agreement
shall be Eight Hundred Seventeen Million United
States Dollars（U.S. $ 817,000,000）.

**訳** 本契約に基づき販売される本製品の価格は，八
億壱千七百万米ドルとする．

**解説** ①金額の表示で大切なのは，通貨の単位を明確
にすることと，金額の表示を正確に行うことです．アラ
ビア数字と言葉でつづった表示との両方で明確に示すよ
うにしています．

②ドルの表示には，どこの国のドルかの明示が必要で
す．たとえばカナダや豪州との契約で単にドル
（dollars）と表示すれば，カナダドルか豪州ドルか，そ
れとも米ドルの区別がつきません．相手方は，それぞ
れ自国の通貨であるドルを主張するかもしれません．定
義条項で，dollar（ドル）の定義を行うこともあります．
たとえば，"In this Agreement, the Dollar means the
United States dollars."（本契約中では，ドルは，米国ド
ルを意味する．）というように規定します．

③万一，不注意で，ふたつの表示が一致しないとき
は，アルファベット表記が優先すると解釈されます．ア
ラビア数字の表示は劣後し，無視されることになりま
す．日本語の契約の場合もアラビア数字と漢数字との間

に矛盾があるときは，漢数字が優先し，アラビア数字は
劣後します．

**例文77　契約金額の表示(2)…日本円，ライセンス契約**

---

ABC shall pay and remit to KVC the minimum roy-
alties set forth below:

(1)　For the period between July 1, 20＿ to June
30, 20＿ ("the first contract Year"):
　　　¥68,000,000 (Sixty Eight Million Japanese
Yen)

(2)　For the period between July 1, 20＿ to June
30, 20＿ ("the second contract Year"):
　　　¥102,000,000 (One Hundred and Two Mil-
lion Japanese Yen)

---

**訳**　ABC は KVC に対して，下記のミニマム・ロイ
ヤルティーを支払い，送金するものとする．

(1)　20＿年7月1日から20＿年6月30日までの期間
（「第1契約年度」）に対して：六千八百万日本円

(2)　20＿年7月1日から20＿年6月30日までの期間
（「第2契約年度」）に対して：壱億弐百万日本円

**解説**　①円は，"Japanese Yen"と表示します．Yen は
日本しか使っていないから，Japanese の表示は不要との
意見もあります．しかし，ドルやユーロとは意味が異な
りますが，どの国の通貨が契約上合意されているのか明
示しておく方が，相手方や第三者にもわかりやすく親切
でしょう．親切な表示は自己を守るためにも有益です．

**例文78** **契約金額の表示(3)**

ABC shall pay to KVC as the paid up royalty the sum of One Hundred Sixty Eight Million, Nine Hundred Ninety Thousand Japanese Yen (￥168,990,000), which shall be payable in four installments as follows:

(1)...

**訳** ABCはKVCに対し払い込み済みロイヤルティーとして，壱億六千八百九十九万日本円を次の通り，4回の分割払いで支払うものとする．

(1)…

## (2) 割合の表現

ローン契約などで金利に関わる表現をするときには，割合，パーセントの表示が大切です．割合を表示するには，分数で表示する方法とパーセントで表示する方法などがあります．

まず，単純な表示方法から始めます．契約書の中で「5パーセント」は，どう表示されるでしょうか．"five percent（5%）"が一番自然な表示方法でしょう．

では，「0.05パーセント」はどう表示されるでしょうか．ひとつの方法は，分数を使った表示方法です．英文契約の実務の世界では，小数点以下の数字を表示する場合，分数の表現が好んで用いられます．

**例文79** **パーセントの表示…ローン契約**

ABC shall be liable for interest on any overdue pay-

ment required to be made pursuant to Article
_____ hereof at an annual rate which is the greater
of twelve and two-fifth percent（12.4%）or one and
seven-eighths percent（1.875%）higher than the
prime interest rate as quoted by the _____ Bank of
San Francisco, California, at the close of banking on
such date or on the first business day thereafter, if
such date falls on a non-business day. If such interest
rate exceeds the applicable maximum legal rate,
then the interest rate shall be reduced to such maxi-
mum legal rate in the jurisdiction.

**訳**　ABCは，本契約第 _____ 条に従って支払うべ
き支払いを遅滞した金額に対し，12.4パーセントまた
は当該日もしくは当該日が営業日でない場合はその後最
初の営業日の銀行取引終業時にカリフォルニア州サンフ
ランシスコの _____ 銀行で適用されるプライムレート
に1.875パーセントを加えたもの，いずれか高い方の年
利により，（遅延）金利を支払う義務を負うものとする．
かかる金利が適用される法定利率の上限を超える場合
は，当該利率は，管轄地域における最高法定利率まで引
き下げられるものとする．

**解説**　①one and seven-eighths percent は，「1と8分
の7パーセント」のことです．つまり，「1.875%」のこ
とです．"six and seven-eighths percent（6.875%）per
annum" は，年利6.875パーセントです．
　②usury law（利息制限法）がかかる遅延金利につい
ても，利息制限を規定し，その上限金利を規定している
ケースがあります．第2文は，そのような場合には，そ

の上限まで適用（遅延）金利を引き下げるという特約です．このような合意がない場合には，遅延金利の規定そのものが無効となるなど，逆に不利な結果を引き起こしかねないというリスクが発生します．

## 4　期限と期間を表す表現

**例文80**　within ＿＿＿＿＿ days を使った例文

> ABC shall pay to Thousand Springs & Maihoo-Kai Limited (hereinafter referred to as MLS) the sum of Fifty-Three Million, Three Hundred Eighty Thousand United States Dollars (U.S. $ 53,380,000.00) within seven (7) days after the date of the receipt of the Product.

**訳**　ABC は本商品の到着日から 7 日以内に五千三百三十八万米ドルをサウザンド・スプリングス・アンド舞法会（以下「MLS」という）に対して支払うものとする．

**解説**　①支払条件などの支払期限の決め方で一般的なのは，一定の事項が達成されてから一定期間内に支払うという条件です．

②本例文の規定のままの場合，まだ紛争の種が残っています．もし，この 7 日間の間に，日曜や祝日など休日が入っていたとき休日を入れて数える場合と，ビジネスデイ（営業日）のみを数える場合とでは，「7 日以内」の意味が異なってきます．実務上，広く採用されている具

162

体的な解決方法のひとつは，契約書中の "day" に定義を
置くことです．

例文81　Business Day を使った例文

The payment of the remuneration for Services shall
be made by ABC within ten（10）Business Days af-
ter the receipt of the invoice issued by MLS.
The Business Day means any day on which the
banks are open for business in both cities of Tokyo
and San Francisco.

**訳**　サービスに対する報酬の支払いは，MLSによ
って発行された請求書の受領後10営業日以内に，ABC
によってなされるものとする．

営業日とは，東京とサンフランシスコの両市で銀行が
営業している日を意味する．

**解説**　①本例文と反対に，休日を含めて数える方法も
あります．その場合は，たとえば，"within seven
calendar days" とします．"**calendar day**" とは，暦の上
の日数はすべて数える方式です．日曜，祝日など休日も
数えます．

②ビジネスデイとは，企業や銀行が開いている日のこ
とです．ただ国際契約では，両当事者の一方の町では企
業や銀行が営業をしていても，他方の町の企業・銀行が
営業をしているとは限りません．そのため必要に応じ，
両方の市で営業していることを明確に取り決めることが
大切になってきます．

③calendar year とは，暦年のことです．1月から12
月までの1年をいいます．"**contract year**" は，契約ご

とに異なります．accounting year（会計年度）の場合
は，4月から翌年の3月までの1年を指すこともありま
すが，1月から12月までの1年を指すこともありえま
す．それだけに，それぞれの実務に応じて定義が必要に
なってきます．

**例文82**　for a period of _____ years を使った例文
(1)…一般契約

> The term of this Agreement shall continue in effect
> for a period of three (3) years to and including De-
> cember 31, 20__.

**訳**　本契約の有効期間は，20__年12月31日までの
3年間とする．
**解説**　有効期間を取り決める方式は様々ですが，満了
期限を明確に暦の上の日で表示する方法があります．本
例文では，その最後の日も期間に入るかどうかを明確に
するために"to and including"という表現方法をとって
います．

**例文83**　for a period of _____ years を使った例文
(2)…一般契約

> The term of this Agreement shall be effective for a
> period of four (4) years commencing on the date of
> this Agreement.

**訳**　本契約の有効期間は，本契約日に始まる4年間
とする．
**解説**　例文82は，有効期間の満了日を基準に期間を

規定しましたが，本例文では始期を基準に有効期間を規定しています．

---

**例文84**　**on or before ＿＿＿＿ 20＿ を使った例文**

---

> The Products shall be delivered by KVC to MLS on or before May 15, 20＿ at the port of Yokohama in accordance with Article ＿＿＿＿ .

---

**訳**　本商品は，第 ＿＿＿＿ 条に従い，横浜港において，20＿年5月15日までに，KVC によって MLS に対し，引き渡されるものとする．

**解説**　①"before May 15, 20＿" の場合は，表示の最終日の20＿年5月15日の引き渡しは契約が合致した履行となるでしょうか，それとも不履行となるでしょうか．"by May 15, 20 ＿＿＿＿" という表現では，どうでしょうか．いずれも曖昧な表現であり，実務上は勧められません．通常の理解では，上記のふたつの表現（"before" "by"）は，いずれもその語の後に表示された最終日（May 15, 20＿）を含まないと解釈されます．ただ，相手方が，最終日を含むと主張をすることもありうるでしょう．

②May 15, 20＿ を履行日の最終日として含むことを明確にする期限の表現としては "on or before May 15, 20＿" というのが標準的な規定方法です．

# 第6章 契約条項の読み方①
## ——ライセンス許諾と対価の支払い

## 1　実際の契約条項をもとに読み方を学ぶ

　本書の後半では，英文契約書の読み方を修得するための方法として実際に実務で使用されているライセンス契約書の各条項を取り上げて，その構成，主要な規定を見ながら，学んでいくことにします．様々な種類の契約を読むよりも，知的財産重視の現代社会で主要な契約類型のひとつとなりつつある知的財産のライセンス契約を通して，契約のリスクや契約書の各条項のねらい，読み方を学ぶことが，契約書共通の読み方を修得する有効なトレーニング，ステップになると考えるからです．

　各条項を読むにあたっては，まず英文の例文（条項）を声に出して読んでみる．次に意味を考えてみる．そして，なぜ，そのような条項をわざわざ取り決めるのか，そのねらいや理由を考えてみる．最後に，もし相手方からこのような条項の提案があったら自分はどうするかを考えてみる．このように一度読んで考えて次に進んでいくと，楽しいと思います．各条項には，例文に続いて和訳を置き，さらにそれぞれの例文で重要と思われる事項について補足説明を加えています．英文契約書を読むのは初めてという方には，練習問題，トレーニングとして活用していただけたらと願っています．

　また，一度，読んだ方や，既に現場で実践し英文契約書を読む経験を積んでいる方は，復習のつもりで，読み進んでいただければと思います．英文契約に自信がある方には，最初に和訳を読んで，次に英文の条項を考えて書き出してみるという方法でトレーニングするのも面白いでしょう．私自身，契約交渉の現場に身を置いていた

ときには，そのようなトレーニングをしたことがあります．一見，なんでもなさそうな条項の表現でも，いざ英文にしようとすると，曖昧な知識，技量では，思いのほか苦戦したのを覚えています．

## 2　前文・リサイタル条項の読み方

### (1) ライセンス契約の主要条項

　知的財産のライセンス契約の読み方として，まずその契約の果たす役割と主要条項を把握するのが実践的でしょう．ライセンス契約の主要条項には，以下のものがあります．

　①主要用語の定義
　②特許，ノウハウ，著作権の実施権の許諾条項
　③ロイヤルティーとその支払条項
　④技術情報の開示と技術指導に関する条項
　⑤広告・宣伝・販売努力義務と販売記録保管・報告義務に関する条項
　⑥改良技術の供与・使用許諾
　⑦ライセンサーの保証と第三者の侵害に対する排除に対する責任負担
　⑧有効期間，中途解除に関わる条項，契約終了後の権利義務
　⑨秘密保持義務

### (2) 前文とリサイタル条項の読み方

　次に個別の条項の読み方を紹介します．解説を読む前に各条項のねらいとどんな問題やリスクを想定してどの

ような解決，防御を行おうと考えて作成されているのか
を考えてみましょう．そのような一見地味な修練を重ね
ていくと，英文契約書の読み方を自然に修得することが
できます．

| 例文85 | 前文とリサイタル条項(1)…斬新なスタイル |

---

### LICENSE AGREEMENT

This Agreement is made as of __th day of __,20__,
Between:

Karen View Corporation, a California corporation,
with its principal office at _____ San Francisco,
California, USA （"Licensor"）, and Aurora Borealis
Corporation, a Japanese corporation, with its princi-
pal office at _____ , Tokyo, Japan （"ABC"）.


### RECITAL

1 ABC desires a license under certain Patents （as
defined in this Agreement） and Proprietary Infor-
mation （as defined in this Agreement） owned by
Licensor relating to _____ ;

2 Licensor is willing to grant a license under such
patents and proprietary information upon the terms
and conditions set forth under this Agreement;

3 Licensor and ABC each represents that it is fully
authorized to deal generally with and to and make
this Agreement respecting the subject matter hereof.


### AGREEMENT

NOW THEREFORE, in consideration of the mutual promises and covenants, hereinafter contained, the parties hereto agree as follows:

**訳**

ライセンス契約

米国，カリフォルニア州サンフランシスコ市 _____ に主たる事務所を有するカリフォルニア州法人のカレン・ビュー・コーポレーション（「ライセンサー」）と，日本，東京都 _____ に主たる事務所を有するオーロラ・ボレアリス・コーポレーション（「ABC」）とは，20__年__月__日付けで，次の通り契約を締結した．

経緯

1　ABC は，ライセンサーが保有する _____ に関するある特許（本契約で定義する）と営業秘密（本契約で定義する）に基づく実施許諾を得たいと希望しており，

2　ライセンサーは，本契約で規定する条件および条項に従って，かかる特許と営業秘密を許諾する用意があり，

3　ライセンサーと ABC は，それぞれ，本契約の対象事項について全体的に交渉し，契約を締結する全面的な権限を授与されていることを表明する．

合意事項

　よって，ここに，本契約に含まれる相互の約束と誓約を約因として，両当事者は，以下の通り，合意する．

**解説**　① "**patents**" とは「特許」のことです．その定義は契約書中でなされるという前提で，この用語（Patents）が使用されています．頭文字が大文字の場合，通常，用語の定義がなされることを意味しています．特許は特許権とも訳します．特許取得のためには，

通常，特許庁に特許を出願し，その審査を経て初めて登録され特許権が付与されます．特許出願中の発明はpatents applicationであり，特許権とは区別されます．その意味でpatentsとは，通常はregistered patents（登録された特許）を指します．米国は，かつて特許出願時期による優劣を決める先願主義ではなく，先発明主義を採用していましたが，近年，先願主義に移行しました．

②特許出願せず，秘密を保持することで価値を保っているもの（発明，技術情報を含む）を含め，"proprietary information" "proprietary rights" "trade secrets"と呼ぶことがあります．technical informationと呼ぶこともあります．その厳密な意味は必ずしも明瞭ではありませんので，この用語を契約で使うときは定義が必要です．実務上，この用語は特許を含むこともありますが，含まないこともあります．文脈と定義によります．

③本例文で使用されている前文とリサイタル条項（recital）の用語とスタイルは，伝統的なスタイルに比べると少し斬新です．次の例文86の伝統的なスタイルと比べてみるとよいでしょう．

例文86　前文とリサイタル条項(2)…伝統的なスタイル．ソフトウエア著作権ライセンス．一定地域における独占的なライセンス・ディストリビューション権を付与，取得する．

SOFTWARE LICENSE AND DISTRIBUTION AGREEMENT

THIS AGREEMENT is made on the __th day of April, 20__, between

(1) Karen View Corporation, a California corporation, having its principal office at xxx California Street, San Francisco, California, USA ("KVC"), and;

(2) Erina ＆ Narumi Orika Corporation, a Japanese corporation, having its principal office at x-x _____ , _____ -ku, Tokyo, Japan ("ELNOX"),

## RECITAL

Whereas, KVC has developed, markets and licenses on a world-wide basis and owns all copyright and other proprietary rights to or has the right to license the computer software programs called "Karen" (the"Programs"), as described more fully in Exhibit A attached hereto;

Whereas, ELNOX has considerable experience in connection with the promotion, advertising, marketing, licensing the computer software programs within the country of _____ ("Territory"), and desires to obtain an exclusive license from KVC to market and sublicense the Programs in the Territory.

NOW, THEREFORE, in consideration of the mutual promises and covenants herein contained, the parties hereto agree as follows:

Article 1 Grant of License

**訳**　　ソフトウエア・ライセンスおよびディストリビ

ューション契約

　本契約は，(1)アメリカ合衆国，カリフォルニア州サンフランシスコ市カリフォルニア・ストリート xxx 番地に主たる事務所を有するカリフォルニア州法人のカレン・ビュー・コーポレーション（以下「KVC」という）と，

　(2)日本国，東京都 ＿＿＿＿＿ 区 ＿＿＿＿＿ x-x に主たる事務所を有する絵里奈アンド織花なるみコーポレーション（以下「ELNOX」という）との間に，20＿年4月＿日に締結される．

　契約締結にいたる経緯

　KVCは，世界に向けて，「カレン」という名称で呼ばれるコンピュータ・ソフトウエア・プログラム（添付別紙Aに詳細を規定）（以下，「本プログラム」という）を開発，販売，使用許諾しており，かつ，本プログラムの著作権およびすべての権利を保有し，本プログラムを使用許諾する権利を保有している．

　ELNOXは，＿＿＿＿＿ の地域（以下「許諾地域」という）でコンピュータ・ソフトウエア・プログラムの販売促進，マーケティング，ライセンシングに関して，相当の経験を有しており，かつ，KVCから許諾地域で，プログラムのライセンスを独占的にマーケティングを行い，ライセンスする権利を取得したいと希望している．

　そこで，本契約に含まれる相互の約束と誓約を約因として，両当事者は以下の通り，合意する．

　第1条　使用許諾

（解説）　①前文のリサイタル条項は，ライセンサーがコンピュータ・プログラムの開発をどのようにして行ったか，あるいはどのような経緯でライセンサーがこの契約でライセンスを行う権利があるのかを簡潔に説明するも

のです．厳密には契約の一部ではありませんが，商品と両当事者との関わりなどが簡潔に紹介されていますので，一種の表明，あるいは契約を締結する動機を説明していることになります．

②内容は斬新なプログラムのライセンス・販売ですが，スタイルは斬新とはいえません．むしろもっとも伝統的な古典的なスタイルです．使われている用語も，"Whereas" "NOW, THEREFORE" "covenants" などという古いスタイルと用語ばかりです．ただ，このスタイルと用語が，現在のコンピュータ・プログラムの販売・ライセンス契約交渉でも，相手方から提案される契約書のスタイルとしてはまだ一般的なのです．自分の側から作成，提案するときは，例文85のように自分が気に入った斬新なスタイルを使えばよいのです．

**例文87**　**前文とリサイタル条項(3)…伝統的なスタイル．ソフトウエア・プログラムの使用許諾契約で非独占的な権利を許諾**

> WHEREAS, KVC has the right to grant a license to customers in _____ (the "Territory") to use a computer software program called "Robin", developed by Robin Hood Company of _____ , England; and, WHEREAS, ABC desires to obtain and KVC is willing to grant to ABC the said license;

**訳**　　KVC は英国のロビン・フッド・カンパニーによって開発された「ロビン」と呼ばれるコンピュータ・ソフトウエア・プログラムを _____ （「許諾地域」）の顧客に使用許諾する権利を有しており，ABC はそのよう

な使用許諾を得たいと希望し，KVCは，ABCに与えたいと考えている．

**解説** ①本例文のリサイタル条項では，契約の当事者は例文86の前文・リサイタル条項と同じですが，ライセンス対象のソフトウエアの開発者が第三者の英国の企業（ロビン・フッド社）であり，著作権を保有しているのもその第三者です．ライセンス契約では，このようにソフトウエアの開発者，著作権者とそのマーケティングを行う者とが別であることが少なくないのです．KVC社は，ロビン・フッド社から，ディストリビューションを行う権利を承諾されているのです．リサイタル条項は，このような契約の基礎となる基盤，背景を紹介するのがその役割です．

②"right to grant a license to customers" とは「顧客に対して使用許諾を行う権利」を指します．この契約では，この権利が契約の基盤をなしています．KVC社にこの権利がなければ，ソフトウエア「ロビン」は，そもそも単なる第三者のソフトウエアであって，契約は意味をなさないのです．実務では，この相手先が使用許諾を行う権利を本当に保有しているかの確認が重要なポイントになります．

## 3 定義条項の読み方

英文契約書は，その内容や規定項目が多岐にわたり，長くなることが少なくありません．すべての合意条項をひとつの契約書で取り決め明確に記載しようとすると，自然と長くなるものです．当然，ひとつの契約書の中

で，様々な重要な言葉が繰り返し登場します．そのようなときに，同じ用語にどのように定義を与えるかは，非常に大事です．その用語が登場するたびに定義する代わりに，最初にまとめて定義のための条項を置くという手法が，実務上発達してきました．そのような定義条項を取り上げ，その読み方を紹介します．

**例文88**　**定義条項（Definitions）(1)…「特許権，特許出願中の発明」「技術情報」を含むライセンスの用語の定義**

Article _____ (Definitions)

In this Agreement, the following words and expressions shall, unless the context otherwise requires, have the following meanings:

1.1 "Licensed Products" means ____ to be manufactured by the Licensee under the Technical Information and Patents.

1.2 "Patents" means those patents and patent applications, which are owned or controlled by the Licensor at the time of execution of this Agreement, as set forth in Exhibit A, and shall also include all the patents which may issue on the said applications.

1.3 "Technical Information" means all the technical information, knowledge, know-how, data developed, acquired or otherwise controlled by the Licensor at the time of execution of this Agreement, pertaining to the manufacture of the Licensed Products, as set forth in Exhibit B.

1.4 "Territory" means Japan, and _____ .

**訳** 本契約では，下記の用語と表現は，文脈が別の解釈を要求している場合を除き，下記の意味を有するものとする．

1.1「許諾製品」とは，技術情報と特許によってABCが製造する _____ のことをいう．

1.2「特許」とは，添付別紙Aに記載の通り，本契約の締結時にKVCによって所有または支配された特許と特許出願をいい，また，かかる出願により付与されるすべての特許を含むものとする．

1.3「技術情報」とは，添付別紙Bに記載の通り，許諾製品の製造に関わる本契約締結時にライセンサーによって開発，取得または別の方法で支配されるすべての技術情報，知識，ノウハウおよびデータをいう．

1.4「許諾地域」とは，日本および _____ をいう．

**解説** ①契約では，重要な用語を契約の初めにまとめて定義する方法と，重要な用語が出てくるつど定義していく方法とがあります．本例文で定義している用語は，ライセンス契約で頻繁に定義される用語です．本章で紹介する例文では，KVC社はライセンサー（licensor），ABC社はライセンシー（licensee; 被許諾者）です．

②近年のライセンス契約では，ライセンスの対象とされる法的保護を受ける知的財産権が，特許権（**patent**）には限定されず，著作権（**copyright**），商標権（**trademark**），意匠権（**design**），トレード・シークレット（**trade secret**）など広がってきていることを反映して，本例文の "patents" の定義に代えて，"proprietary rights" や "proprietary information" "intellectual property

rights" と い う 用 語 を 使 用 す る こ と も あ り ま す．
"intellectual property rights" は，知的財産権または知的
所有権と呼ばれます．

　③ "Licensed Territory" とは，知的財産の使用許諾地
域を指します．"Territory" という用語の響きが歓迎され
ない国の企業が相手先のときは，代わりに Area という
中立的な用語を使えばよいのです．いずれの場合も，許
諾地域を規定するのに，"East Asia" や "South Asia" な
ど，広い地域を指す言葉を使うことは勧められません．
客観的な基準がなく，双方の考えが異なると，収拾がつ
かなくなるリスクがあります．国名をリストアップして
規定する方法が，一番誤解が少ないでしょう．

**例文89**　**定義条項（Definitions）(2)…"Proprietary Rights" を定義**

In this Agreement, the following words and expressions shall, unless the context otherwise requires, have the following meanings:

"Licensed Products" means ＿＿＿ to be manufactured by ABC under the Proprietary Rights.

"Proprietary Rights" means rights under the Licensor's patents, designs, trademarks and applications therefor and copyrights and trade secrets, which are now owned or controlled by Licensor; pertaining to the Licensed Products or the manufacture, ＿＿＿ and/use of the Products, which are listed in Exhibit A attached hereto, and shall include such patents, designs and trademarks, and copyrights and trade secrets as may be obtained or acquired by Licensor during the term of this Agreement.

**訳**　本契約では，次の用語と表現は，文脈から別の意味がある場合を除いて，下記の意味を有するものとする．

「許諾製品」とは，本知的財産権を使用して，ABCが製造する＿＿＿＿＿のことをいう．

「本知的財産権」とは，許諾製品または添付別紙Aに記載された本製品の製造，＿＿＿＿＿および／または使用に関わるライセンサーの特許，意匠，商標（出願中のものを含む），ならびに著作権，トレード・シークレットで，ライセンサーが現在，保有または支配しているものを意味するものとする．これは，本契約の期間中にライセンサーが取得または獲得する特許，意匠，商標，著作権，およびトレード・シークレットを含むものとする．

**解説**　①定義条項には，いくつかのスタイルがあります．例文88と89は，どちらも頻繁に使われているスタイルです．定義を置く用語の並べ方には，様々な方法がありますが，1.1項，1.2項と番号をつけていく方法とABC順（**Alphabetical order**）とが一般的でしょう．それぞれ本例文と前の例文88で使ってみました．

②開示，使用許諾（商標，マーク，営業秘密等），実施許諾（特許，製法に関わるトレード・シークレット等）の対象となる「知的財産」の実質的な定義は，本文よりも添付する別紙（Exhibits）などで規定するのが，実際的でしょう．トレード・シークレットのライセンス契約では，重要な事項や説明が数ページにもわたる事項は添付別紙に記載する契約が多いのです．契約の本文を大きく変更せずに契約交渉をしたいという効率の問題

と，重要で具体的なビジネスに関わる事項はなるべく最後まで交渉を続けながら，契約書の本文は早く決着させておきたいという要求に合致するからです．

例文90　定義条項（Definitions）(3)…地域の定義を置く

> The Territory shall mean the United States of America, Canada and Mexico.

**訳**　使用許諾地域は，米国，カナダおよびメキシコとする．

例文91　定義条項（Definitions）(4)…商標の定義を行う

> "The Trademarks" means all the trademarks listed in Schedule A to this Agreement, registered or covered by applications and any other trademarks hereafter to be registered in the name of Karen View within the Territory.

**訳**　「本商標」とは，本契約の添付書類Aにリストアップされ，本許諾地域内で，カレン・ビュー名義で登録または出願されているすべての商標および今後，登録される他の商標を意味するものとする．

**解説**　商標の定義規定では，通常，契約締結時に出願登録されている商標と，出願中（未登録）のものを含んでいます．出願中なのか，またその権利者の名義・有効期間・更新時期・対象国・登録番号・出願番号などについても確認することが多いのです．記述が長くなります

ので，別紙リストを作成して添付するのが実務上の扱いです．商標や特許でライセンスを受けながら，その具体的な内容を確認しておかないと，実際に得た権利が不明確であり，ビジネスの展開上，支障になりかねません．

**例文92** 定義条項（**Definitions**）(5)…ソフトウエア・ライセンス契約で許諾製品を定義

---

As used in this Agreement, "Licensed Products" means the KVC software products listed on Schedule A attached hereto together with all enhancements and modifications thereto as may from time to time be made by KVC.

Descriptions of the Licensed Products are set forth in Schedule B, and KVC may modify the descriptions from time to time as necessary.

---

**訳** 本契約中で使用される場合，「許諾製品」とは，本契約に添付された別紙Aに記載されたKVCソフトウエア製品ならびにKVCによって随時改訂または変更されたすべてのものをいう．

許諾製品の品目は添付別紙Bに記載の通りであり，KVCは，その品目を必要に応じ，変更することができるものとする．

**解説** 商品名等は詳細に記述する必要があり，本文では書ききれないことがあります．そこで実務上，添付別紙に完全に記載して添付する方法がとられます．この添付別紙をexhibitと呼んだり，本例文のようにschedule と呼んだりします．単に，attachmentという呼び方もあります．どの用語を使ってもよいのです．大事なの

は, ひとつの契約では同じ用語を一貫して使うことで
す. 別紙が複数になるときは, A, B, C…あるいは,
1, 2, 3…を使い, 区別できるようにしています.

**例文93**　定義条項（**Definitions**）(6)…商標ライセンス
で許諾製品を定義

---

"Licensed Products" means the following items bear-
ing the Trademarks manufactured or imported from
＿＿＿＿ by Licensee pursuant to this Agreement.

1 ＿＿＿＿＿＿＿＿＿＿＿＿＿＿＿＿＿＿＿＿＿＿＿＿
2 ＿＿＿＿＿＿＿＿＿＿＿＿＿＿＿＿＿＿＿＿＿＿＿＿
3 ＿＿＿＿＿＿＿＿＿＿＿＿＿＿＿＿＿＿＿＿＿＿＿.

---

**訳**　「許諾製品」とは, 本契約に従ってライセンシ
ーによって製造または ＿＿＿＿ から輸入された本商標を
付している下記の製品をいう.

1 ＿＿＿＿＿＿＿＿＿＿＿＿＿＿＿＿＿＿＿＿＿＿＿＿
2 ＿＿＿＿＿＿＿＿＿＿＿＿＿＿＿＿＿＿＿＿＿＿＿＿
3 ＿＿＿＿＿＿＿＿＿＿＿＿＿＿＿＿＿＿＿＿＿＿＿.

**解説**　①商標ライセンス契約は, 許諾製品のライセン
シー側国内における生産と販売が中心ですが, なかには
ライセンサー本国からの製品輸入・販売を伴うケースも
あります. 輸入には, ライセンス生産が軌道に乗るまで
の暫定的なケースと, 高級品など一部については契約期
間中を通じて継続的に輸入するケースがあります. 高級
品は, 採算上ライセンス生産になじまないケースと, ラ
イセンサーがそのライセンス対象から除外するケースが
あります. 高級品については, そのブランドの命ともい
えるノウハウと高い製造技術が必要なことがあり, その

部分についてはライセンスによる技術移転をあえて図らないと考えるのです.

②高級品の輸入販売と普及品のライセンス生産販売が両方あるビジネスを客観的に見てみると, 実際はライセンス契約とディストリビューターシップ (販売店) 契約を組み合わせた契約ということができるでしょう. この場合の対価は, ライセンス契約については使用料 (ロイヤルティー), 販売店契約については輸入価格, 言い換えれば製品売買価格となります.

現実のビジネスは多彩です. それぞれの当事者の必要性と両者の利害の一致により, いかなる契約もありえます. ビジネスは子供のように成長していきます. 成長する子供に合わせて服を作ります. 契約書は, 服にたとえることができるでしょう. ビジネスに合わせて契約書を作成するのです. 契約書に合わせてビジネスができるわけではありません.

**例文94** 定義条項 (Definitions) (7)…技術情報を定義

---

"Technical Information" means all know-how, technical information and data, design and other intellectual property related to the Licensed Products and required for the manufacture and distribution of the Licensed Products, particulars of which are specified in Schedule _____ of this Agreement.

---

**訳** 「本技術情報」とは, 本許諾製品に関連し, 本許諾製品の製造, 販売に必要なすべてのノウハウ, 技術情報, データ, デザインならびに他の知的財産のことを

いう．その詳細については，本契約の添付別紙　＿＿＿＿＿
に明記する．

（解説）　①ライセンス契約で開示される技術情報の範
囲，内容は，個別の許諾製品により様々です．ノウハウ
の開示が重要で主目的と思われるライセンスもありま
す．トレード・シークレット・ライセンス，特許ライセ
ンス，商標ライセンスという名前の区別はあっても，実
態では技術情報の開示が重要なことが少なくありませ
ん．繊維製品，食品，ソフトウエア製品なども対象にな
ります．

　②デザインは，特許庁に出願して「意匠権」登録によ
り保護を受ける方法もありますが，必ずしも「意匠」権
による保護がすべてというわけではありません．不正競
争防止法によって，発売後3年間のデッドコピー禁止の
規制が導入され，アップルのiMacがソーテックの類似
意匠のパーソナル・コンピュータについて販売差し止め
仮処分を求めた事件は記憶されていると思います．意匠
権（デザイン）は商標と異なり，商標のように更新によ
る半永久的な寿命を享受することができません．

## 4　ライセンス許諾条項の読み方①

**例文95**　ライセンス許諾条項（**Grant of License**）(1)
…知的財産の実施許諾条項；①特許などの技術の実施
権の許諾条項，②独占的実施権を丁寧に規定

Article ＿＿＿＿＿ (Grant of License)
KVC hereby grants to ABC during the term of this

Agreement, an exclusive and non-transferable right and license, with the right to grant a sub-license, to use the Information and Proprietary Rights, for the purpose of ⅰ) manufacturing, having manufactured, using and developing the application or the improvement of the licensed products set forth in this Agreement（"Licensed Products"）, at one or more plants located in the territory set forth in this Agreement（"the Territory"）and ⅱ) selling, distributing and/or leasing the License Products in the Territory, and causing the distribution, sale or leasing of the Licensed Products by ABC's distributors in the Territory.

**訳**　KVC は，本契約により ABC に対し，本契約の期間中，下記の目的のために本情報と財産権を使用する独占的で譲渡不可能な権利とライセンスをサブライセンス権とともに許諾する．ⅰ）本契約に定める許諾製品（「本許諾製品」）を本契約に定める地域（「本許諾地域」）に所在するひとつまたは複数の工場で製造し，製造させ，使用し，開発し，利用し，改良すること，ならびに，ⅱ）本使用許諾地域の ABC 指定販売店による本許諾製品の販売，卸売，および／またはリース．

**解説**　① "having manufactured" とは，「委託生産する」ことを意味しています．have made 条項は，自ら製造せず，第三者に発注して製造させることをいいます．引き受ける側から見れば，下請け生産です．無制限に誰にでも委託生産できるとなると，トレード・シークレットが散逸してしまいます．どこまででどのような条件で，

have made 条項を認めるかは，契約実務と交渉上，重要なポイントです．委託生産を行って品質を維持するためには，トレード・シークレットの開示が必要となりますが，1回限りでその後発注しなくても，そのトレード・シークレットとしての技術が委託先に移転してしまうのも否定できない事実です．ともすれば，不正商品の温床となりかねないのです．高い品質の維持とトレード・シークレットの防衛，このバランスをどうとるかが実務上のポイントなのです．

　②本例文では，「許諾地域内のひとつまたは複数の工場」という大まかな規定を置いています．ケースによっては，工場の規模，生産個数の制約を置くライセンス契約もあります．近隣諸国に別のライセンシーを指定しているときなど，ある程度生産能力を抑えておかないと，本来，販売権のない地域に流出・転売される可能性が大きくなるからです．ただ，生産数量の制限が現地の独占禁止法等に抵触しないかなどの問題は契約の前に確認しておく必要があります．ライセンス契約でも，現地の強行法規に抵触すると契約の一部が無効になることがあります．

　③have made 条項は，うっかりすると第三者に対する委託生産が許容されていることが，相手に伝わらないリスクがあります．これを解決する書き方として "by mother manufacturer" を加筆する方法があります．たとえば，次のフォームのように使います．"The Licensor, on behalf of itself and its Subsidiaries grants to the Licensee a worldwide, nonexclusive license under the Licensed Patents:

(i) to make, use, import, lease, sell and otherwise

transfer Licensed Products,

(ii) to have made Licensed Products by another manufacturer for the use, lease, sale or other transfer by the Licensee.

**例文96** ライセンス許諾条項（Grant of License）(2) …独占的な使用許諾を規定

Licensor grants to ABC an exclusive license and right to use the Proprietary Information to manufacture, design, _____ , have manufactured, designed, _____ as well as use, sell or lease the Products in the Territory.

**訳** ライセンサーはABCに対し，本許諾地域で本製品を使用し，販売しまたはリースするほか，本製品を製造し，設計し， _____ し，製造させ，設計させ， _____ させるために本営業秘密を使用する独占的なライセンスと権利を許諾する．

**解説** ①銀行やクレジットカード会社等からの顧客情報の漏洩が頻繁に報道される時代です．営業秘密が第三者に開示されてしまえば，現実の漏洩リスクが増大することは否定できません．特に，その第三者である委託先が自己の営業や第三者の委託先を探して同じ性能，品質のものをライセンシーからの委託とは無関係に生産，納入し始めたらどうしたらいいのでしょうか．同じブランドの使用は禁止できても，同じ商品に対し別のブランドを付して販売されたら，どうすればよいのでしょうか．

1回限りのロイヤルティーを支払って終わりという半永久的なライセンスや，ライセンス契約の形式をとりな

がら，実際には，和解契約の場合なども深刻な問題に発展しかねません.

　②「製造，設計，_____」の空欄には，実際に使う項目を記入します. 運営，建設，運用など様々な項目が考えられるでしょう. 結局，何が営業秘密としてライセンスされるのかによります. フランチャイズ等の場合であれば，レストランやホテルやパークの「建設」「運営」「サービス提供」に使用されるでしょう. 生産だけとは限りません.

### 例文97　ライセンス許諾条項（Grant of License）(3)…非独占的ライセンスを規定

> KVC hereby grants to ELNOX a non-exclusive, non-transferable right and license, without the right to grant a sublicense, to manufacture and use at EL-NOX's plant located at _____ and to sell, distribute and/or lease the Licensed Products in the Territory under the Proprietary Information during the term of this Agreement.

　**訳**　KVC は ELNOX に対し，本契約の有効期間中，_____ 所在の ELNOX の工場で本営業秘密に基づいて本許諾製品を製造し，使用し，本許諾地域で許諾製品を販売し，卸売し，および／またはリースする非独占的で譲渡不可能な権利とライセンスを許諾する. ただし，この使用許諾は再許諾権を含まないものとする.

　**解説**　①"non-exclusive license" とは，「非独占的なライセンス」をいいます. 独占的なライセンスとの違いは，本例文でいえば，ライセンサー（KVC 社）が希望

すれば許諾地域で，ELNOX 社以外のライセンシーを起用できることです．ライセンシーから見ると，同じテリトリーに競争相手が現れるかもしれないということです．ケースによっては，ライセンス契約締結時に，すでに数社のライセンシーが指定されて，同じ製品を生産・販売しているかもしれません．

②"non-exclusive" とも "exclusive" とも明確に書かれていないライセンスは「非独占的」ライセンスだと，実務上解釈されています．

③それでは，本例文のように不利な非独占的なライセンスを，なぜライセンシーが受諾するのでしょうか．契約実務から見た答えは明瞭です．ライセンサーが独占的なライセンスを与えるときは，高額のミニマム・ロイヤルティー（minimum royalty）を要求するからです．非独占的なライセンス契約では，ロイヤルティーが低いのです．ライセンシー数社で分担すると思えばよいでしょう．したがって，ライセンシーとしても高額のミニマム・ロイヤルティーの数年にわたる支払いを約束するリスクを避けて，あえて非独占的なライセンスの取得を選ぶことがあるのです．特に，自社使用のためなら，なおさらでしょう．

④ライセンサーから見ると，ライセンシーのどの工場で生産されるかも関心事です．仮想のケースとして紹介しますが，KVC 社がかつて海外にライセンスしたとき，販売地域は指定地域内でしたが，ライセンシーが工場を海外に移してしまいました．円高が急激に進んだ時期に日本のメーカーが次々とアジアに工場を移転させたことを思い浮かべればよいでしょう．KVC 社のライセンシーは，思わぬ国，場所にライセンシー工場を移転させて

しまいました．契約上違反なのかどうかが，文面上はっきりしていませんでした．それ以来，KVC社はカレン・ビュー社長の指示で，ライセンシーの工場の所在地を記載させる方式をとっています．さらに，立ち入り検査を含む視察条項も入れているといわれています．品質維持と横流し防止がねらいなのでしょう．

**例文98** **ライセンス許諾条項（Grant of License）(4)**
**…再許諾条項；事前通知で再許諾できると規定**

ABC may sublicense the Proprietary Information to its sublicensees to the extent of ABC's license under this Agreement, provided that ABC notifies Licensor of the name of any sublicensee(s) prior to sublicensing the Proprietary Information to such sublicensee(s).

**訳**　ABCは，本契約に基づくABCのライセンスの範囲で，許諾された本営業秘密をそのサブライセンシーに対しても再許諾できるものとし，その場合は，ABCが本営業秘密を再許諾する前にライセンサーに，そのサブライセンシーの名前を通知することを条件とする．

**解説**　特許や営業秘密等を許諾する場合には，ライセンシーがサブライセンス（sublicense）することを禁止・制限する場合と，原則としてサブライセンスを認める場合があります．いずれの方針をとるかは，個別のビジネスの問題です．たとえばライセンシーが，事業展開の方法（マーケティング）とサブライセンシーの信用等によって判断するのです．本例文は，原則としてサブライセンシーへの開示を認める方針です．

190

**例文99** ライセンス許諾条項（**Grant of License**）(5)
…ライセンサーの同意なしのサブライセンスを禁止

ABC may not sublicense the Proprietary Informa-
tion to any third party without the prior written
consent of Licensor.

**訳** ABC は，ライセンサーの事前の文書による同
意がない限り，本営業秘密をいかなる第三者に対して
も，サブライセンス（再許諾）できないものとする．

**解説** "without the prior written consent of Licensor"
とは「書面による事前の同意なしに」という意味です．
ライセンサーはライセンシーの再許諾希望を聞いて，そ
のサブライセンス先の企業やその秘密保持体制を具体的
に聞き，その上で同意するか否かを決定します．

**例文100** ライセンス許諾条項（**Grant of License**）(6)
…コンピュータ・ソフトウエアの独占的なライセンス

KVC hereby grants to ABC and ABC accepts the
exclusive and non-transferable right and license to
promote, market, sublicense the Program within the
Territory under the terms set forth herein.
Except with the prior written consent of KVC, ABC
shall not promote market or solicit customers for
sublicense the Program outside the Territory.

**訳** KVC は ABC に対して，本契約に規定する条件
で，許諾地域において，本プログラムの販売促進，マー
ケティング，サブライセンスを行う独占的で譲渡不可能

な権利とライセンスを許諾し，ABC は，これを引き受ける.

　別途，KVC の事前の書面による同意がない限り，ABC は，本プログラムを許諾地域外の地域で，サブライセンスのために販売促進したり，マーケティングしたり，顧客を探したりしてはならない.

（解説）　①"exclusive and non-transferable right" では，独占的な権利が認められるのは許諾地域内のみです. したがって，許諾地域外の売り込みは契約違反にあたります. ライセンシーによるソフトウエアのマーケティングは認めても，ソフトウエアに関する著作権等の第三者への譲渡は認められません.

　②独占的なライセンス契約で，ライセンサーとライセンシー間でときどき起こる紛争，解釈違いのひとつが，許諾地域外での活動の許容の問題です. 独占的なライセンス契約で独占的な許諾地域でない地域では，ライセンサーの視点からすれば何の権利も与えていないはずです. ところが，ライセンシーの視点から，独占権はないが非独占的な販売活動は特に禁止されていない，したがって独占権はなくとも注文がきたりすれば販売してもよいはずだと考えることがあります. 特に交渉過程で，ライセンシーが独占地域外の活動について確認したら，ライセンサーが独占権はないが販売はいいよ，と口頭で答えたというようなケースが出てくると，さらにわかりづらくなります. そのような紛争を予防するために置かれたのが，本例文の第2文です. ライセンサーの立場で，ライセンシーの許諾地域外での活動を制限するのがねらいです.

### 例文101 ライセンス許諾条項（Grant of License）(7)…コンピュータ・ソフトウエアの非独占的・限定的ライセンス，ライセンシー事務所内使用のみ，サブライセンスを付与しない

Article ＿＿＿ (Grant of License)

1 Subject to the terms and conditions hereof, KVC shall grants to ELNOX, and ELNOX accepts, a non-transferable and non-exclusive license to use Robin.

2 The license granted hereby is solely for the internal use of Robin by ELNOX for the purpose set forth in Exhibit B.

**訳** 1 本契約の規定に服することを条件として，KVC は ELNOX に対して，譲渡不可能で非独占的な「ロビン」の使用権を許諾し，ELNOX はその許諾を受ける．

2 本契約の中で許諾された権利は，ELNOX による「ロビン」の添付別紙 B に記載された目的のために社内の使途のためにのみ使用されるものとする．

**解説** ①本例文で「ロビン」とは，例文87で扱ったロビンという商品名のコンピュータ・プログラムを指します．

②コンピュータ・ソフトウエアのライセンスは，あたかも，そのソフトウエアを入れたパッケージが通常の商品（動産）が売買されるように取引されていきます．そのため，買主は自由な処分権と所有権を取得したつもりになりますが，その取引契約の中核をなすソフトウエア

の「著作権」はユーザーに対して単に使用権が認められるだけなのです．ライセンサーは，ユーザーがそのプログラムの複製を製作し，複製を販売することについては同意を与えていません．プログラム自体の処分，転売も認めていません．このライセンサーの考えと了解をどこまで貫くことができるか，契約で明確に確認しようとするのが，この例文のねらいです．

## 5　ライセンス許諾条項の読み方②

**例文102**　ライセンス許諾条項（**Grant of License**）(8)
…映画・テレビ番組の放映権の許諾を規定

KVC hereby grants to ABC, and ABC hereby accepts, a limited exclusive and non-transferable license the television broadcast rights, including the right to sublicense such broadcast rights to Aurora Borealis Television Network ("ABTN") and such other ABTN affiliates pursuant to a valid sublicense agreement, to the television programs and films under the title of "Karen View Story" set forth in Exhibit ＿＿＿ in ＿＿＿ ("the Territory") and in the English and Japanese languages.

**訳**　　KVC は，ABC に対して，添付別紙 ＿＿＿ に規定する「カレン・ビュー・ストーリー」というタイトルのテレビ番組と映画の ＿＿＿（「許諾地域」）における英語と日本語による制限つきの独占的で譲渡不可能な放

映権を，有効なサブライセンス契約に従ってオーロラ・ボレアリス・テレビジョン・ネットワーク（ABTN）とABTNの他の関連会社に対し，許諾する権利を含んで許諾し，ABCはこれを受ける．

（解説） ①放映権，上映権等も著作権ライセンスのビジネスの一環です．映画やテレビ番組などの国際的なライセンスもあります．放映権だけでなく，ビデオグラム化権やCD-ROM化権，DVD化権等も関わってきます．放映にも，通常の地上波だけでなく，ケーブルテレビや衛星放送もあります．契約での明確な取り決めがないと，具体的なところで曖昧さが残り，紛争の種になります．

　②テレビ番組，アニメーションなどの放映ライセンスには，その番組の主人公や副主人公などのキャラクターを商品に使用するという商品化権（character merchandising；キャラクター・マーチャンダイジング）は当然には，含まれません．特別なライセンス契約が別途必要になってきます．

**例文103** **ライセンス許諾条項（Grant of License）(9)** …映像ソフトのライセンス；マスターを渡して**DVD**制作を許諾する独占的ライセンスを規定

KVC hereby grants to ABC the exclusive rights to manufacture or cause to be manufactured master video tapes or discs of the Films"Robin Hood 2020" ("Master") for the sole purpose of making, copying and duplicating DVD ("Videograms") and distributing in the Territory under the terms of this Agreement and during the term.

**訳**　KVC は，フィルム「ロビン・フッド 2020」の
マスター・ビデオ・テープまたはディスク（「本マスタ
ー」）を，本契約の有効期間中に本契約条件に従って本
許諾地域でマスターから DVD（「本ビデオグラム」）に
複写し，複製し，販売するために，（みずから）制作し，
または（委託して）制作させる独占的な権利を，本契約
によって ABC に許諾する．

**解説**　①映画産業では昔（1950〜60 年代）は，劇場
上映で収入を確保することができましたが，テレビやレ
ンタルビデオ等の普及，エンターテインメントの多様化
により，現在ではともすれば，ヒット作品でもその収入
の半分以上がビデオグラム化権，キャラクター・マーチ
ャンダイジング，テレビ放映権ライセンスなどのいわば
付随的な収入によって賄われる状況になってきました．
本例文は，劇場映画として制作された外国作品をビデオ
カセット化し，販売するライセンスを取得する形態のひ
とつです．記録媒体の名称は技術革新，商品開発にもと
づき，ビジネス条件として取り決めます．たとえば，
DVD のみか，高画質のブルーレイ（Blu-ray Disc）を含
むか，どうかなども，記載します．

　②自ら制作するときは，"manufacture" のみでよいの
ですが，委託先に制作させるときは，"cause to be
manufactured" の熟語が入っていないと，ライセンサー
の承諾を改めて取得しなければならなくなります．

**例文104** ライセンス許諾条項（**Grant of License**）⑽ …映像ソフトウエアのライセンス；テレビへの放映権の ライセンス．地上波，ケーブル放送を含むが，衛星放 送を除く

Robin hereby grants to ABC, subject to the payment of Royalty provided in Article _____ below and to the due performance by ABC of its other obligations hereunder, and ABC hereby accepts, the exclusive and sole license to distribute the Performance Rights of the Picture to the television broadcasting stations through the air and via cable in and throughout the Territory. Notwithstanding the provisions above, the license granted in this Agreement does not cover the facilities of satellite television, including subscription, or pay-per-view television, motion picture theater distributions, home video, or DVD distribution.

In this Agreement, the Performance Rights includes the rights to broadcast and exhibit the Picture in the media licensed herein.

　　**訳**　　ロビンは，ABC に対して，ABC が第 _____ 条に規定するロイヤルティーの支払いを行い，かつ本契約上の他の債務を期日に履行することを条件に，本映画の放映権を許諾地域で，テレビ放送局に対し，地上放送とケーブル放送により放映するためにライセンス販売する独占的な権利を許諾し，ABC は，本契約によりその権利のライセンスを受ける．上記の規定にかかわらず，

本契約により許諾されるライセンスには，有料契約放送やペイ・パー・ビュー放送を含む衛星放送を含まないものとし，また，映画館での上映やホームビデオ，DVDによる販売も含まれない．本契約による放映権とは，本契約で許諾されたメディアで本映画を放映，上映する権利をいう．

（解説）　近年の映像作品ライセンスでは，具体的に細かくメディアを規定していくと，ライセンスに含まれるのかどうか解釈に困るようなメディアが誕生してきました．そのため，許諾条項も次第に長く，詳細な規定が必要になってきています．新しいメディアが将来誕生することへのひとつの解決策は，メディアを具体的に列挙することです．もうひとつの解決策は，列挙したもの以外は，いずれか一方が保有することを明確に規定しておくことです．通常は，ライセンサー側がそう主張します．どのように決めるか，結論はビジネス条件との関わりで判断されます．

### 例文105　ライセンス許諾条項（Grant of License）⑾…キャラクター・マーチャンダイジングの使用許諾を規定

1　KVC hereby grants ABC a non-exclusive right and license to use and utilize the character"Karen"（including the title"Karen view"of the television animation movie programs）in connection with the manufacture, sales, distribution and exploration of the goods designated in Exhibit D in the territory of ＿＿＿＿（the"Licensed Territory"）under the term of this Agreement.

2　ABC shall submit to KVC, for its approval, samples of each items of the designated goods and application of the advertisement and sales promotion plan for each year before the commencement of any advertisement or sales promotion to the public by ABC.

**訳**　1　KVC は，ABC に対して，本契約の条件に従って（テレビアニメーション映画の「カレン・ビュー」のタイトルを含む）キャラクター「カレン」を＿＿＿＿（「ライセンス地域」）において，添付別紙 D に指定された商品の製造，販売（小売り，卸売り），開発に関連して使用する権利とライセンスを許諾する．

2　ABC は，ABC が一般公衆に対する広告または販売促進を開始する前に，指定商品の各アイテムの見本と各年の広告および販売促進計画を KVC に提出し，その承認を得なければならない．

**解説**　①本例文は，ライセンサー（Karen View 社）のキャラクター（Karen）がテレビのアニメーションで人気を呼んだために，そのキャラクターを使用したいという申し出があり，ライセンスするというケースを想定しています．「ミッキーマウス」「ハローキティ」「ドラえもん」「スターウォーズ」などを思い浮かべてみればよいでしょう．

　②実務では，使用許諾の対象となる商品の種類，販売の範囲（地域）・許諾が独占的・排他的なものかどうかを，まず明確にしなければなりません．細かくいえば，そのアニメーションに登場する他のキャラクターが使えるかどうか，また新しいシリーズの登場キャラクターが

使えるかどうか，また期間やロイヤルティーなども考え，その上で交渉する必要があります．せっかく高額のロイヤルティーを支払う約束のもとに長期のライセンス契約を締結しても，その契約締結時の人気キャラクターやその仲間が次のストーリーで死亡したりストーリーから消えたり，実は悪役であることがわかったりすると，新しく登場するキャラクターに人気が移ってしまいかねません．

## 6　ロイヤルティーとその支払条項の読み方①

**例文106**　ロイヤルティー条項（**Royalty**）(1)…1回限りのロイヤルティーの支払いを規定

> In consideration for the rights and license granted under this Agreement, ABC shall, within thirty (30) days after the Effective Date, pay to Licensor a one-time royalty of Seven Hundred Thousand United States Dollars（US $ 700,000）.

**訳**　本契約のもとで許諾された権利と使用許諾の対価として，ABCは，ライセンサーに対して，1回限りのロイヤルティーとして，70万米ドルを契約発効日から30日以内に支払うものとする．

**解説**　特許やトレード・シークレット，著作権等のライセンス契約では，ロイヤルティーの決め方や支払いにいくつか方法があります．一番単純なのは，①1回限りの支払いで，ランプサム払い（lump sum payment; 定額

払い）です．また，一般的な支払方法には，②**イニシャル・ロイヤルティー**（**initial royalty**）と毎年，あるいは半年，四半期（3カ月）ごとの**ランニング・ロイヤルティー**（**running royalty**）との組み合わせによる支払い，③毎年，半年ごとのミニマム・ロイヤルティー（最低使用料）とランニング・ロイヤルティーの組み合わせによる支払いなど，様々な組み合わせがあります．

**例文107** ロイヤルティー条項（**Royalty**）(2)…イニシャル・ロイヤルティーの支払いを規定

1 In consideration of the grant of the rights and licenses hereunder, ABC shall pay to Licensor as follows:

　 i ) An initial payment: _____ United States Dollars （US$ _____ ) shall be paid within twenty ⑳ days after the Effective Date of this Agreement.

**訳** 1 本契約のもとでのライセンサーによるABCに対する権利とライセンスの許諾の対価として，ABCは，次の通り支払う．

　 i ) イニシャル・ペイメント：本契約の発効の日から20日以内に，_____ 米ドル（_____ 米ドル）を支払う．

**解説** ①ライセンシーから見れば，まだ具体的なビジネスも利益も得ていない段階であり，金額をなるべく低く抑えたいところです．イニシャル・ペイメントを支払わないライセンス契約もあります．実際の契約実務では，**イニシャル・ペイメント**（**initial payment**）は，返

還不能（non-refundable）という条件がつくことが多いのです．これは通常，契約交渉ではライセンサーの方に交渉力があるということの結果でしょう．しかし，当然に返還不能ではなく，契約条件のひとつですから，交渉の余地はあります．ライセンスの対象商品が競合状態にあるときなら，ライセンシーの交渉力はライセンサーと対等になります．相手（ライセンサー）が当方の提案を受けなければ，別の商品のライセンスを受ければいいわけですから，不利な条件を飲んだ上で契約をしなくてもよいのです．そのような気軽な交渉が，逆に力の入った交渉よりも交渉をスムーズに進めることがあります．イニシャル・ペイメントが返還不能というケースの契約条項の規定の仕方は，例文108で紹介します．

　②イニシャル・ペイメントは，ランニング・ロイヤルティーの支払いを前提として決められます．ただ，イニシャル・ペイメントの性格を曖昧にしておくと，ランニング・ロイヤルティーとの関わりがはっきりしなくなり，紛争の引き金になりかねません．

**例文108**　**ロイヤルティー条項（Royalty）(3)…イニシャル・ロイヤルティーの支払条件を規定**

---

1  In consideration of the license granted hereunder, ELNOX shall pay the following sum:

　　ⅰ) a non-refundable, initial license fee of two hundred forty eight million nine hundred eighty thousand Japanese Yen（Yen 248,980,000）payable in one lump sum on April 30, 20 _____ .

　　ⅱ)

202

**訳** 1 本契約に基づき許諾されるライセンスの対価として，ELNOX は下記の金額を支払うものとする．

　ⅰ）返還不能なイニシャル・ライセンス・フィーとして，弐億四千八百九拾八萬日本円を，20＿年4月30日までに一括で支払う．

　ⅱ）

**解説** ①"payable in one lump sum" とは「一括支払い」という意味です．反対の意味が，"in two installments"（2回分割払い）等の「分割払い」です．「分けないで1度に」支払うという意味がありますが，それ以降のランニング・ロイヤリティーが不要であるとまではいっていません．

**例文109** ロイヤリティー条項（Royalty）⑷…ランニング・ロイヤリティーまたは支払条件を規定する．ミニマム・ロイヤリティーを規定

ⅱ）An annual running royalty (or a Minimum Annual Royalty):

An annual running royalty of three (3) percent of ABC's Net Selling Price of the Licensed Products used, sold, leased or otherwise disposed of by ABC, which in any case shall not be less than _____ United States Dollars (US$ _____ ) ("a Minimum Annual Royalty") for each contract year commencing on the Effective Date or the anniversary date thereof during the term of this Agreement shall be paid within thirty (30) days after the end of each contract year.

**訳**　ⅱ）年額ランニング・ロイヤルティー（または，年額ミニマム・ロイヤルティー）：

　本契約の発効日または本契約期間中のその応答日に始まる各契約年度につき，ABC が使用，販売，リースまたは他の方法により処分した許諾製品に対する ABC の純販売額の3パーセントに相当する年間ランニング・ロイヤルティーを，各契約年度の終了日から30日以内に支払うものとする．年間ランニング・ロイヤルティーは，いかなる場合も，＿＿＿＿米ドル（「年間ミニマム・ロイヤルティー」）以上とする．

**解説**　①ライセンス許諾製品の販売額を基礎として，その一定率を算出し使用料として支払うのが，ランニング・ロイヤルティーです．販売した金額そのもの（**Gross Selling Price**）で販売金額を計算するか，それとも諸費用を差し引いた後の純販売額（**Net Selling Price**）で計算するかという選択があります．具体的に定義をしておかないと，純販売額の計算方法をめぐって解釈が対立することがあります．

　②年額の一定金額（たとえば100万米ドル）をミニマム・ロイヤルティーと定めるのは，ライセンサーから見た販売不振の場合の不安を取り除くためです．規定があると，実際にはほとんど販売実績がなくとも，その金額を支払わなければなりません．

　③それでは，ミニマムの金額だけ支払えば，ミニマム・ロイヤルティーの算出のベースとなった販売額を達成できなくても，契約の途中解除はなされないのでしょうか．ライセンシーの立場からすれば，ミニマム・ロイヤルティーを支払った上，契約も解除されるのでは目も当てられません．ライセンス契約では，明文規定がなけ

ればミニマム・ロイヤルティーの基礎となる販売額が達成できなくても，解除事由にならないのが通常です．ライセンサーの立場からいえば，ミニマム・ロイヤルティーは役割を果たしますが，販売不振の場合のイメージダウンを避けるためにライセンシーを変えたいという目的には不十分なのです．解除するためには，販売額が一定額以下のときには途中解除できると明確に決める必要があります．

**例文110　ロイヤルティー条項（Royalty）(5)…純販売額の定義を規定**

For the purpose of this Agreement, "Net Selling Price" means the gross selling price of the Licensed Products as invoiced by ABC, less the following items to the extent they are included in gross sales in accordance with generally accepted accounting principle:

a) sales, turnover tax or value added taxes on sales invoices;

b) custom duties;

c) transportation, packaging, shipping expenses and insurance on shipments to customers and warehouse charges;

d) credits allowed for the returned Licensed Products.

訳　本契約の目的上「純販売額」とは，ABCによって請求された許諾製品の総販売額から，下記の費用項目を差し引いた金額を意味する．ただし控除できる費用

項目は，一般に受け入れられている会計原則に従って，純販売額に含まれているものに限定される．

a）販売請求額に課税される販売税，取引高税，もしくは付加価値税

b）関税

c）運送費，梱包費，輸送費，顧客への輸送に関わる保険料，倉庫料，

d）返品された許諾製品について認めた返金額

**解説** ①本例文は典型的な定義規定のひとつです．上記以外の控除項目として議論される項目にはリベート，販売促進費，広告料などがあります．本例文の定義ではこれらは控除されません．

②"Gross Sales Price" "Gross Selling Price" とは許諾製品の販売額そのもので，あらゆる控除をする前の売上金額を指します．ライセンサー，ライセンシー間で控除項目等の意見が対立して，合意に達しない場合は，代わりにこの総販売額を基準として，ロイヤルティー率を少し低くして交渉をまとめる方法があります．平均的な控除項目から試算して差し引き，合意すべきロイヤルティー率の取り決めに反映させればよいのです．

**例文111 ロイヤルティー条項（Royalty）(6)…年額一定額の支払い**

Article _____ (Royalty)

ABC agrees to pay to Licensor for the license hereby granted a running royalty equal to:

(1) for the first contract year (April 1, 2021 to March 31, 2022): eight (8) percent of the aggregate Net Wholesale Price

(2)　for the second contract year（April 1, 2022 to March 31, 2023）: eight（8）percent of the aggregate Net Wholesale Price

(3)　for the third contract year（April 1, 2023 to March 31, 2024）: seven and seven tenth（7.7）percent of the aggregate Net Wholesale Price

(4)　for the fourth contract year（April 1, 2024 to March 31, 2025）: seven（7）percent of the aggregate Net Wholesale Price.

**訳**　ABCは，ライセンサーに対して，本契約により許諾されたライセンスの対価として下記の額のランニング・ロイヤルティーを支払うことに同意する．

(1)　第1契約年度（2021年4月1日～2022年3月31日）純卸売販売額合計の8パーセント

(2)　第2契約年度（2022年4月1日～2023年3月31日）純卸売販売額合計の8パーセント

(3)　第3契約年度（2023年4月1日～2024年3月31日）純卸売販売額合計の7.7パーセント

(4)　第4契約年度（2024年4月1日～2025年3月31日）純卸売販売額合計の7パーセント

**解説**　①本例文では，販売額にかかわらず年度ごとの率を規定しています．フラットなロイヤルティー率の決め方です．このような方法とは別に，売上金額が大きくなるに従って，ゾーン（価格合計ごと）をつくって次第に低いレートに決める方法もあります．一方，売上額が高くなるほど，そのゾーンにつきロイヤルティー率を高く決める方法もあります．

　②本例文では，次の例文で定義を行う純卸売販売額を

基準としています．契約条項としては，総販売額（Gross Selling Price）や純卸売額（Net Wholesale Price）を基準とする方法も広く採用されています．

**例文112** ロイヤルティー条項（Royalty）(7)…ライセンス契約で純卸売販売額の定義を規定

"Net Wholesale Price" referred to in this Agreement is defined as the amount of the gross sales by ABC of the Licensed Products to ABC's customers in the Territory, less customary trade discounts (not exceeding six percent) insurance premiums, transportation and delivery charges, taxes and duties (VAT).

In computing the Net Wholesale Price, no deduction shall be made for costs incurred in manufacturing, distributing, advertising, selling or storing the Licensed Products and for uncollectable accounts.

**訳** 本契約の中で使う「純卸売販売額」とは，ABCによる許諾製品の許諾地域のその顧客向け販売額から，通常の値引き（ただし，6パーセント以下），保険料，運送・引き渡し諸費用，および税金（付加価値税）を差し引いた額とする．

「純卸売販売額」を算出するにあたっては，許諾製品の製造，販売（卸売），広告，販売（小売），保管にかかった費用や未収金を差し引かないものとする．

**解説** "uncollectible accounts" とは「回収できない勘定」を指します．販売はできたが代金が回収できない，手形は受け取ったが期日に支払われないということが実

際のビジネスではあります．このような場合に，ロイヤルティーの支払義務がどうなるかという問題があります．本例文は，未回収があっても，ロイヤルティーの算出の基礎となり，免除されないという内容です．ライセンサーの立場に立った規定です．

**例文113** ロイヤルティー条項（Royalty）⑻…ミニマム・ロイヤルティーを規定する．①毎年のミニマム・ロイヤルティー額を定額で規定する．②送金方法を規定する．③ミニマム・ロイヤルティーは年間ランニング・ロイヤルティーに充当されると規定

1 Chiharu and Natsumi Corporation（"CNC"）agrees to pay to Licensor during the term of this Agreement the minimum royalty for each contract year as set forth below:
Minimum royalty: Eighty Thousand United States Dollars（US $ 80,000）

2 The amount of the guaranteed minimum annual royalty for each year shall be paid in advance by CNC to Licensor by remittance to the bank account as designated by Licensor on or before the 26th day of March of the year in question.

3 The amount of the minimum royalty paid by CNC to Licensor will be credited against the payment of running royalty accruing under this Agreement.

**訳** 1 千春アンド夏美コーポレーション（「CNC」）は本契約期間中，毎年，下記のミニマム・ロイヤルティ

ーをライセンサーに対して支払うことに同意する.

　　ミニマム・ロイヤルティー：8万米ドル

2　各年につき支払いを保証された年間ミニマム・ロイヤルティーは，CNCにより前払いで3月26日までに（次の年度分を），ライセンサーが指定した銀行口座に振り込むことによって支払われるものとする.

3　CNCがライセンサーに支払ったミニマム・ロイヤルティーは，本契約により生ずるランニング・ロイヤルティーに充当されるものとする.

（解説）　ミニマム・ロイヤルティーがランニング・ロイヤルティーにクレジット（credit）されるとは，ミニマム・ロイヤルティーは先に支払われるという考えです．契約年度内の販売実績に基づきランニング・ロイヤルティーを計算して算出した年間ランニング・ロイヤルティー金額がミニマム・ロイヤルティーを超えたときは，この支払い済みのミニマム・ロイヤルティーを差し引いて支払えばよいということです．この第3項がないと，充当できるかできないか，わずかですが不明瞭な点が残ります．では，次年度分を先払いでない場合も含めた決済条件で，ミニマム・ロイヤルティーの支払いに合意したときはどのような規定を置くべきでしょうか．クレジットの代わりにどんな用語で表現するとよいのでしょうか．次の例文114で取り上げましょう.

## 7 ロイヤルティーとその支払条件の読み方②

**例文114** ロイヤルティー条項（**Royalty**）(9)…ライセンス契約で，販売額が一定金額を超えたときは，ミニマム・ロイヤルティーに加え，ランニング・ロイヤルティーを支払う

---

Article _____ (Royalty)

1  In consideration for the license of the Trademark "Karen View" and the Technical Information granted under this Agreement, ABC shall pay to KVC the minimum royalty for each contract year as set forth below:

  (1)  In consideration of the license of the Trademark "Karen View", Minimum royalty:

      _____United States Dollars

  (2)  In consideration of the Technical Information Minimum royalty:

      _____United States Dollars

2  In case the aggregate amount of the Net Wholesale Price during any contract year exceeds _____ United States Dollars, ABC shall pay to KVC an additional running royalty of four (4) percent of the aggregate amount of the Net Wholesale Price of the Licensed Products as set forth below:

For the part of the Net Wholesale Price exceeding _____ United States Dollars or equivalent

Japanese Yen, ABC shall pay to KVC an additional royalty of two (2) percent of the Net Wholesale Price for license of the Trademark "Karen View" for the Licensed Products, and two (2) percent for license of the use of the Technical Information.

**訳**　　第_____条（ロイヤルティー）

1　本契約で使用許諾された「カレン・ビュー」商標ならびに技術情報の使用の対価として，ABC は各契約年につき，下記のミニマム・ロイヤルティーを支払うものとする．

⑴　カレン・ビュー商標使用許諾の対価として，ミニマム・ロイヤルティー：_____米ドル

⑵　技術情報の対価として，ミニマム・ロイヤルティー：_____米ドル

2　ABC は，契約年度中の許諾製品の純卸売販売額の合計額が_____米ドルを超えた場合には，追加のランニング・ロイヤルティーとして許諾製品の純卸売販売額の4パーセントを次の通り，KVC に支払うものとする．

_____米ドルまたは日本円相当額を超えた純卸売販売額の部分に対して，ABC は，KVC に対して，許諾製品についてのカレン・ビュー商標の使用許諾につき，純卸売販売額の2パーセント，また，技術情報の使用について純卸売販売額の2パーセントを支払うものとする．

**解説**　商標ライセンスといっても，商標，ブランド，マークの使用だけに価値があるわけではありません．製品を製造するための技術情報やデザインなど情報の提供や指導に同じ程度の価値があることもあります．ライセンサーの立場からいっても，品質とイメージの維持のた

め製品の品質が高くなければ困ります．そこで，商標使
用と技術情報の開示とを厳密に分けて，それぞれロイヤル
ティーの支払いを求めることもあります．もちろん技
術情報を含めて，ブランド・ライセンスとしてロイヤル
ティーを合意し，規定してもよいのです．

**例文115** **ロイヤルティー条項（Royalty）(10)…ソフト
ウエア・ライセンス等で，一定額のロイヤルティーを1
回のみ支払い**

---

Article _____ (Royalty)

In consideration of the license granted and the
Products delivered by KVC, ELNOX shall, upon the
delivery of the Products, pay a royalty in the amount
listed in Exhibit A as the exclusive method of com-
pensation under this Agreement.

---

**訳** KVCによるライセンス許諾と本商品の引き渡
しの対価として，ELNOXは，本商品の引き渡し時に，
本契約に基づく唯一の対価の支払方法として，添付別紙
Aに規定するロイヤルティーを支払うものとする．

**解説** コンピュータ・ソフトウエアなどの商品の取引
では，外形的，実質的に（著作権が対価を支払ったユー
ザーに移転しない点を除くと）売買に近い最終ユーザー
との取引では，本例文のタイプによるロイヤルティーの
支払方式がとられることが多いのです．1回限りの定額
支払いで原則，引き渡しと引き換え払いです．

### 例文116　ロイヤルティー条項（Royalty）(11)…ソフトウエア・ライセンス，映像著作物のライセンスで一定額一括払いを規定

1　The royalty for the license under this Agreement
(the"Royalty") shall be United States Dollars
_____ , the breakdown of which are as follows:
(1)（許諾対象の品目名 1）US$ _____
(2)（許諾対象の品目名 2）US$ _____
　　Total US$ _____
2　ABC shall pay to KVC the royalty by telegraphic
transfer on or before April 30, 20__.

**訳**　1　本契約に基づくライセンスのロイヤルティー（「ロイヤルティー」）は，_____ 米ドルとする．その内訳は，次の通りである．
(1)（ライセンス対象品目　1）_____ 米ドル
(2)（ライセンス対象品目　2）_____ 米ドル
　　合計額 _____ 米ドル
2　ABC は，KVC に対し，20__年4月30日，またはその前に，電信送金によりロイヤルティーを支払うものとする．

**解説**　①作品ごとに値段（ロイヤルティー）をつけて規定しています．本例文の決め方は，ソフトウエアや映像著作物ライセンスのロイヤルティー条項としてどちらでも使用できます．

②"on or before April 30, 20__" とは「20__年4月30日あるいはその前に」を指します．on があるので，その直後にくる日付の4月30日に送金してもよいことが

214

わかります．この on がないと，29日までに支払わなければなりませんが，さらに日本の場合，4月29日は祝日（昭和の日）ですから，28日までには支払わなければならなくなってしまいます．

　"by April 30, 20＿" だと，4月30日の電子送金は契約違反になります．"no later than April 30, 20＿" なら，4月30日の電子送金も契約にかなったものとなります．ただし，外国への送金の場合は，日付変更線，時差，送金と到着の時間等を考慮に入れ，十分な時間をみておく必要があります．

**例文117**　ロイヤルティー条項（Royalty）⑿…コンピュータ・ソフトウエア・ライセンス契約，映像著作物ライセンス等で，ミニマム・ロイヤルティーを年額ベースで支払うことを規定

---

In consideration of the license granted to ABC pursuant to Article 1, ABC agrees to pay annually to KVC, in the manner set forth below, the minimum annual royalty.

Royalty with respect to each of the Licensed Program shall be paid semiannually in advance on each April 1 and October 1, during the term of this Agreement for the six-month period.

---

　**訳**　　第1条によってABCに許諾されたライセンスの対価として，ABCは以下に定める方法により，年額のミニマム・ロイヤルティーを毎年，KVCに対して支払うことに同意する．

　許諾された各プログラムについてのロイヤルティー

は，本契約の有効期間中，毎年2回，4月1日，10月1日にそれぞれ6カ月分が，あらかじめ支払われるものとする．

（解説） ①本例文では，ミニマム・ロイヤルティーを年額ベースで取り決めておき，それぞれの許諾製品ごとに半年ずつ前払いする方法をとっています．

②四半期（quarter）ごとの支払いの場合は，たとえば，"semiannually" を "quarterly" "on each January 1, April 1, July 1, and October 1" "for the quarter" と置き換えます．

**例文118** ロイヤルティー条項（Royalty）⒀…キャラクター・マーチャンダイジング・ライセンスに対する年額ロイヤルティーの支払いを規定

---

1 ABC agrees to pay to KVC an annual royalty of _____ United State Dollars for the license of the use of the character"Karen"for the goods designated in this Agreement.
2 ABC agrees to pay in cash the annual royalty set forth above, within twenty ⒇ days after KVC's approval of the samples of any item of the designated goods, or on or before the first day of April of each year, whichever comes first.

---

**訳** 1 ABCは本契約で指定した商品キャラクターの「カレン」を使用する許諾を受けるために _____ 米ドルの年額ロイヤルティーをKVCに支払うことに同意する．
2 ABCは，指定商品のいずれかのアイテムの見本につ

いて承諾を取得後20日以内または毎年の4月1日のうち，いずれか早い日に前項で定める年額ロイヤルティーを現金で支払うことに同意する．

（解説）　①キャラクター・ライセンスの実際は，商標（ブランド）のライセンス・ビジネスと似ているところもあります．ライセンサー側で，キャラクターの名称や図柄について，「商標登録出願」をすることもよく行われます．ロイヤルティーの決め方も似たところがあります．本例文のように年額ロイヤルティーを決めるのもひとつの方法です．売上に応じて，ランニング・ロイヤルティーを支払う方法も広く行われます．

　②純粋なビジネス上の問題ですが，ソフトウエア・ライセンスやキャラクター・マーチャンダイジング（character merchandising），フランチャイジングなどで獲得競争が激しいとき，契約時にいわば契約金としてまとまった金額の支払いが行われることもあります．これをダウン・ペイメント（down payment）またはイニシャル・ペイメント（initial payment）と呼びます．

**例文119** ロイヤルティー条項（**Royalty**）(14)…ソフトウエア・ライセンス，キャラクター・マーチャンダイジング契約等で，イニシャル・ペイメントを支払うことを規定

ELNOX shall pay KVC an initial license fee of Five Million United States Dollars （US$5,000,000） at the time of the execution of this Agreement.

　　**訳**　　ELNOX は KVC に対して，五百萬米ドルのイニシャル・ライセンス・フィーを，本契約締結時に支払

うものとする.

**解説**　イニシャル・ライセンス・フィーとはいわば契約金で，ダウン・ペイメントともいいます．普通のライセンス契約では，支払われないことも多いのです．ただ，ライセンスを付与する側が，このイニシャル・フィーを強く主張する場合があり，そのケースでは，支払うことを約束しなければ契約が成立しません．イニシャル・ペイメントを支払うときは，朝三暮四の言葉のように，後で支払うロイヤルティー額や率で調整すればよいのです．

**例文120**　ロイヤルティー条項（**Royalty**）⒂…ソフトウエア・ライセンス，ブランド・ライセンス，キャラクター・マーチャンダイジング等で，数年にわたる年額ミニマム・ロイヤルティーと支払方法を規定

Article _____ (Royalty)

1　During the term of this Agreement, ABC shall pay an annual minimum royalty of at least the amount listed below:

| | | |
|---|---|---|
| (a) | First Year | US$600,000 |
| (b) | Second Year | US$700,000 |
| (c) | Third Year | US$800,000 |
| (d) | Rach year after Third Year | US$850,000 |

2　The annual minimum royalty set forth above shall be paid within fifteen⒂days after the end of each quarterly period ending March 31, June 30, September 30, December 31.

The first payment of annual minimum royalty under this Agreement shall be paid on or before the __

218

```
th day of_____, 20__.
```

**訳** 1 本契約の有効期間中，ABCは少なくとも，下記の年間ミニマム・ロイヤルティーを支払うものとする．

(a) 第1年度　　　　　　　60万米ドル
(b) 第2年度　　　　　　　70万米ドル
(c) 第3年度　　　　　　　80万米ドル
(d) 第4年度以降　　　　　85万米ドル

2 上記の年間ミニマム・ロイヤルティーは，3月31日，6月30日，9月30日，12月31日に終了する各四半期終了の日から15日以内に支払われるものとする．本契約に基づく第1回支払いは，20__年__月__日までに支払われるものとする．

**解説** ①本例文は，数年にわたるミニマム・ロイヤルティーの支払いを決めた規定です．実務からいえば，ライセンス契約の期間の更新（延長），途中解除がライセンシー側からどのようにできるかのバランス（兼ね合い）で検討すべき事項です．ソフトウエアの取引では，数年のうちにマーケットが激変して，ライセンス対象の著作権の価値がなくなってしまうことも少なくありません．それにもかかわらず，ロイヤルティーを支払う義務だけが存続します．ライセンシーとしては，契約時に慎重な対応が必要です．

　②ロイヤルティー金額の妥当性の基盤には，ライセンサーの継続的な技術開発力への判断と期待があります．長期にわたる著作権ライセンス契約のミニマム・ロイヤルティー条項を検討していると，ソフトウエア著作権ライセンスのエッセンスは，既に制作されて形になってい

る製品の著作権ライセンスにはなく，開発を続けている
ライセンサーの製品開発チーム，スタッフ，創造的な技
術開発力に依存しているのだということに気づくことが
あります．それではライセンサーが事実上，閉鎖に近い
人員整理を行ったとしましょう．ライセンシーはどうし
ますか．何ができるでしょうか．大半の部門がＭ＆Ａ
で売却されてしまいました．何ができるでしょうか．

**例文121**　ロイヤルティー条項⒃…ライセンス契約でロ
イヤルティーの送金方法（電信送金）を規定

> All payments to KVC hereunder shall be wire trans-
> ferred by CNC and made to the account of KVC at a
> bank in Berkeley, California designated by KVC and
> shall be made in United States Dollars.

**訳**　本契約のKVCに対するすべての支払いは，
CNCによって，電信送金されるものとし，KVCの指定
するカリフォルニア州バークレーの銀行のKVCの口座
に振り込まれるものとする．支払いは，米ドルでなされ
るものとする．

**解説**　①銀行口座への電信送金による送金がもっとも
一般的です．wire transfer, telegraphic transfer と言い方
は違いますが，どちらも電信送金のことです．

②銀行口座は，あらかじめ指定されていることもあり
ますが，契約書の規定の一部として，銀行口座番号まで
記載するのはまれです．本来，受領銀行口座は受け取る
側が一方的に指定できるのが通常であり，合意によるも
のではないという考えと，秘密保持という理由がありま
す．そうはいっても，たとえば，送金先国が，受領者が

居住しない国（たとえばスイス，イギリス，アメリカ）の銀行だったり，外交関係のない国だったりした場合があります．ですから，送金者にとっては，契約条項で受領者の居住する国であることが確認できるだけでも，心配からひとつ解放されることになります．

**例文122　ロイヤルティー条項（Royalty）(17)…電信送金による銀行口座への振り込みと規定**

All payments to Licensor under this Agreement, except as otherwise herein set forth, shall be remitted in United States Dollars by telegraphic transfer to the account of the Licensor at a bank in the city of San Francisco designated by the Licensor.

**訳**　本契約に基づくライセンサーに対するすべての支払いは，本契約で他の支払方法を規定した場合を除き，米ドルで，ライセンサーが指定するカリフォルニア州サンフランシスコにある銀行のライセンサー口座への電信送金によって行われるものとする．

**例文123　ロイヤルティー条項（Royalty）(18)…ロイヤルティー送金に伴う源泉徴収税の支払いと支払証明書**

Any withholding tax lawfully levied by the ＿＿＿＿＿ tax authorities on any amount due to the Licensor under this Agreement shall be borne by the Licensor.

In the event that ABC deducts and pays any such tax in connection with payment of the royalty under this Agreement, it shall promptly send to the Licen-

> sor the official certificate of such tax payment.

**訳**　　本契約に基づきライセンサーに支払われるべき金額に対して ＿＿＿＿＿ の税務当局によって合法的に課税されるいかなる源泉徴収税もライセンサーの負担とする.

ABC が本契約のロイヤルティーの支払いに関連して, 源泉徴収税を差し引き納付する場合は, ABC は, かかる源泉徴収税の支払いの正式な納付証明書をライセンサーに対して速やかに送付するものとする.

**解説**　特許, デザイン, 著作権, トレード・シークレットなどの知的財産のロイヤルティーの送金は, 源泉徴収税が課税されます. 通常は 20 パーセントですが, **租税条約**が締結されている相手国との間の取引など, 軽減税率の適用がある場合には, 10 パーセントなどに引き下げられています. 軽減税率は多くの場合 10 パーセントですが, 米国との新租税条約 (2004 年 3 月発効) のように商標・特許・著作権などのロイヤルティーについて免税となったというケースもあります. 相手国がどこなのか, その国との間にどのような租税条約が締結されているかを調べることが重要です. 税率は, 租税条約の規定次第です.

②租税条約の軽減税率 (日本が締結した租税条約では 10 パーセントが中心) や免税の適用を受けるためには, 第 1 回の支払い (送金) を行う前に, 所轄税務署にその適用を受けたいという届け出をします. この届出をしないで送金すると, 通常の 20 パーセントの源泉徴収が行われます. 租税条約があっても上記の手続を怠った場合, 自動的には軽減税率の適用は受けられません. 届け

出を行う名義人は，所得を受ける外国人ライセンサーで
す．実務面で源泉徴収義務を負うライセンシーがライセ
ンサーの依頼のもとに，代理して手続（届出）を行うの
がむしろ通常になっていますが，届出者は本来，支払者
であり，届出者のサインはライセンサーによってなされ
るものです．

# 契約条項の読み方②
## 第7章 ——ライセンスの実施と責任

## 1 技術情報・営業秘密の開示に関わる条項の読み方

例文124 技術情報・営業秘密の開示 (**Disclosure of Technical Information**) (1)…ライセンス契約で，①技術情報を開示する．②技術情報を書面化し，その使用言語を規定する．③契約締結後一定期間内に開示する．④ライセンシーの要請あるときは，改良情報も提供すると規定

Article _____ (Disclosure of Technical Information)

1 Within sixty (60) days after the Effective Date of this Agreement, KVC shall furnish ELNOX with all the materials of the Technical Information described in Exhibit A and Proprietary Rights described in Exhibit B, all of which shall be written in English and sent by registered airmail.

2 During the term of this Agreement, KVC shall, at the request of ELNOX, furnish ELNOX with additional data, information or improvements relating to the Licensed Products, Technical Information or Proprietary Rights.

**訳** 第_____条（技術情報の開示）

1 本契約の発効日から60日以内に，KVCは，ELNOXに対して，添付別紙Aに記載する技術情報ならびに添付別紙Bに記載する知的財産権のすべての資料を開示・提供するものとする．それらのすべては，英語で書か

れ，かつ，書留航空郵便で送付されるものとする．

2　本契約の有効期間中，KVC は，ELNOX の要請ある
ときは，ELNOX に対して，許諾製品，技術情報，また
は知的財産権に関わる追加的データ，情報または改良版
を提供するものとする．

（解説）　①ライセンサー，ライセンシーいずれの側でライ
センス契約を書く場合も，技術情報の開示について，
範囲，時期，方法，書面かどうか，説明の仕方，使用言
語等について，しっかり取り決めておくことが大事で
す．本例文では，契約の締結時を基準に，技術情報開示
時期を規定しています．

　②開示の時期は，ライセンシーの立場からは，イニシ
ャル・ロイヤルティーが支払われてからの開示が理想的
です．開示後，相手方が支払いを拒絶したり，倒産した
りするリスクを防ぐことができるからです．ライセンス
権取得の競争が激しいと "Within thirty (30) days after
the payment of an initial license fee set forth in this
Article."（本条に規定されたイニシャル・ライセンス・
フィーの支払いから 30 日以内に）のような代金の一部
先払いの条件をライセンシーが主張することがありま
す．ライセンシーから見れば，ライセンサーが本当に契
約通り履行するかどうか不安が残りますが，ライセンサ
ーを信用できると考えるならば，このような支払方法も
現実的になってきます．

　③技術情報の開示を，マニュアルをはじめ書類で行う
ときに，意外と規定が曖昧になりがちなポイントは，使
用言語です．日本からの技術指導，トレード・シークレ
ット開示契約で，日本語のマニュアルとテキストを送っ
たところ，相手方（ライセンシー）から当然のごとく

「英語で」と要求してきた…ということがあります。この程度のエピソードでは、驚かないかもしれません。しかし、英語のマニュアルとテキストを送ったところ、相手方から「英語では、我々の現場では使い物になりません。現地語で…」と当然のごとく要求してきたとします。あなたなら、どうしますか。

技術文書の翻訳は困難な上に、費用がかかります。しかも、現地で翻訳を行うことを認めること自体が、実態面を見れば、貴重な秘密性ある情報が第三者（翻訳会社、翻訳者）に漏洩されることになります。翻訳者がどこまで秘密を厳守するか、どのような体制のもとで実際に翻訳が行われるのかはライセンサーのコントロールできない領域になってしまいます。

このような問題は、たった3語"described in English"を契約に挿入しておけば予防できたのです。

**例文125** 技術情報・営業秘密の開示（**Disclosure of Technical Information**）(2)…ライセンス契約で、トレード・シークレット、秘密情報を一定期限内に開示、提供

---

Within _____ ( _____ ) days of the date of this Agreement, the Licensor shall disclose and provide to ELNOX the Proprietary Information in the manner set forth in Exhibit A attached hereto.

---

**訳** ライセンサーは、本契約の調印日から _____ 日以内に、ELNOX に対して、添付別紙 A に記載する方法で、本財産的情報の内容を開示し、提供するものとする。

**解説**　①ライセンシーにとって，トレード・シークレット・ライセンス契約で，もっとも重要な規定は(1)契約対象の知的財産権の使用許諾条項，(2)ロイヤルティー（対価）とその支払方法，(3)トレード・シークレットの開示・提供の規定でしょう．開示方法は，マニュアル化した書面による開示方法と現実の指導による開示，提供があります．トレード・シークレットの開示は，これを受ける側の力によって，その方法も効果も左右されます．契約条項としても，双方の協議によって，あらかじめ問題の発生を防ぐように工夫して作成するという紛争予防努力が欠かせません．

②マニュアルを作成したり，指導したりする場合，受け取る側がその内容についてどの程度の知識，技術を持っているか，また英語の説明でコミュニケーションをどの程度とることができるかによって，同じ開示方法でも開示されたトレード・シークレット，技術情報が実際に移転できるかどうかが大きく変わってきます．特に，発展途上国への技術指導や技術移転の場合は，ライセンシーの技術レベル，専門技術知識・ビジネス教育の修得レベル，言語の力量の問題が大きな割合を占めます．

## 2 技術指導に関わる条項の読み方

技術指導（**Technical Assistance**）(1)…ライセンス契約で，①ライセンサーの技術者を派遣して指導．②派遣先はライセンシーだが，ライセンシー指定のサブライセンシーに派遣することもある．③指導期間と指導員の人数の量的限界を規定

Article ＿＿＿＿ (Dispatch of Engineers)

1　Upon request of ABC, KVC shall provide to ABC and/or to a sub-licensee designated by ABC ("Sub-licensee") qualified personnel of KVC to render technical assistance and services to employees of ABC and/or Sub-licensee, in connection with the engineering, design or manufacture of the Licensed Products for a reasonable period to be mutually agreed upon between the parties, provided that the total period of such assistance and services shall not exceed ninety (90) man-days.

**訳**　第＿＿＿条（エンジニアの派遣）

1　ABCの依頼に基づき，KVCは，ABCまたは，ABCの指定するサブライセンシー（「サイブライセンシー」）に対して，許諾製品のエンジニアリング，設計，製造に関して，ABCまたはサブライセンシーの従業員の技術指導，サービスを提供するために，指導を担当するのにふさわしいKVCの人員を派遣するものとする．指導のための派遣期間については，当事者間で取り決め

る合理的な期間とするが，延べ日数は90マンデイ（90
人日）を超えないものとする．

（解説）　①特許ライセンス，ソフトウエア・ライセンス
契約，ブランド・ライセンス契約，フランチャイズ契約
では，その契約内容により，技術移転や技術指導が必要
な場合があります．本例文はその場合に利用します．カ
バーすべきポイントはビジネスの性格によって異なるの
でケースごとに実情に合わせて変化させて使います．

　②"90 man-days" とは，技術指導のいわば量的な把握
の仕方のひとつで，「man（人員）」を「days（日数）」で
掛け合わせて計算するものです．「90 man-days」とは，
たとえば指導員の派遣人数が「3人」とし，派遣期間が
同一だとすると，派遣日数は「30日」です．派遣人数
が「2人」で，期間が「45日」でも「90 man-days」に
なります．この制限があって初めて，価格交渉やライセ
ンサー側の人員計画が成り立ちます．

　③ライセンサーからすると，指導員の派遣先は，ライ
センシーのところだけに限定したいものの，ライセンシ
ーが履行補助者としてサブライセンシーを起用している
場合に，その指導にもあたるというのが，本例文の趣旨
です．サブライセンシーの場所が心配なら，指導場所を
ライセンシーの施設内とし，サブライセンシーも指導を
受けるために参加できるようにすればよいのです．都市
名で限定してもよいでしょう．外国での指導の場合，危
険な地域もあるからです．

**例文127** 技術指導（**Technical Assistance**）(2)…ライセンス契約で，①派遣されたライセンサーの技術者の宿泊・渡航費用の負担を取り決め，②アブセンス・フィーの支払いの有無，金額等を取り決め

---

Article _____ (Dispatch of Engineers)

2　Traveling expenses to and from the country of KVC's personnel, and living and other expenses of KVC's personnel for the period of services, shall be borne and paid by ABC.

　ABC further agrees to pay KVC a daily absence fee in the amount of _____ United States Dollars per person, or such other amount as may be mutually agreed upon between the parties.

---

**訳**　第_____条（エンジニアの派遣）

2　KVCの派遣指導員のKVCの国からABCの国への往復旅費，ならびに，サービス提供期間中の宿泊その他の費用は，ABCが負担し，支払うものとする.

　ABCは，さらに，KVCに対して，1人あたり1日_____米ドル，または，両間で別途合意する金額のアブセンス・フィーを支払うことに同意する.

**解説**　①本例文は，ライセンサーの指導員の渡航費用，滞在期間中の宿泊費用についてその負担者を決めています．いずれもライセンシーの負担です．一見，完全な規定のように見えます．しかし現実のビジネスでは，これでもなお紛争が発生することがあります．典型的な紛争は，ライセンサーの指導員がビジネスクラスや，極端なケースではファーストクラスを利用するのに対し

て，ライセンシー側がエコノミークラスの利用を期待するようなケースです．宿泊についても，ライセンサー側は便利さと安全（security），健康面への配慮から，市内中心地の一流ホテルでの滞在を予定あるいは期待しているのに対して，ライセンシー側はゲストハウス用の寮を手配しているケースがあります．

　規定外の残業も書面での確認の対象になります．派遣された技術者が，毎日14時間，休日もなしに働かされたら，派遣元のあなたはどうしますか．仮にこのように働いた場合の日当，残業代相当額は請求できますか．請求できるとして誰が負担しますか．受け入れ元でしょうか，派遣者でしょうか．技術者が病気になったらどう休暇をとり，どのような手当てをどこで受けられるのでしょうか．

　②一般的とはいえませんが，ライセンシーの技術者の派遣中，すなわち技術者が不在（アブセンス）中に，もし技術者が勤めていたらオフィスで通常稼ぐことができるはずの所得相当額の一部をライセンシーが負担するよう求められることがあります．これを**アブセンス・フィー**（**Absence fee**）と呼びます．通常は，技術指導料の中に価格構成要素の一項目として含まれますが，そうする代わりに別建てで支払いを要求するとき，アブセンス・フィーという用語が使われることがあります．

　アブセンス・フィーの計算の仕方には，実務上，ライセンサー側で従業員が出張するときに出張者に支払う日当（**Daily allowance**）相当額です．もうひとつは，不在期間中にそのスタッフが，通常なら派遣元の会社のために稼ぐはずの所得相当額を換算して請求するのです．後者を基準とすると，アブセンス・フィーの金額が高く

なる傾向にあります.

**例文128** 技術指導（**Technical Assistance**）(3)…派遣されるエンジニアの人員，派遣日数を取り決める

---

Article _____ (Dispatch of Engineers)

3  The period, method and number of KVC's personnel and other conditions of providing such services shall be separately agreed upon by the parties hereto.

---

**訳**　3　かかるサービス提供のための期間，方法ならびにKVCの派遣日数およびその他の条件については，両者間で別途合意されるものとする.

**解説**　①先の例文（例文127）で触れたような問題を予防するために，採用される実用的な方法が，この例文のように詳細にサービスの提供の内容，条件を別途取り決めることです.

②サービス提供条件の確認は，契約調印と同時に確認できれば一番よいといえます.合意が早ければ別紙として添付できます.何も決めないで，"to be mutually agreed"という形のまま放置しておくということも実際には少なくありません.日本の契約では，「本契約に取り決めなき事項については，当事者は，信義誠実に協議して決定する」といった規定ですませるところです.

## 例文129　技術指導（Technical Assistance）(4)…ライセンサーによる①ライセンシー人員のライセンサー工場見学・訪問受け入れ，②トレーニングの期間，場所等は別途規定

> Upon request of ABC, KVC shall permit a reasonable number of personnel of ABC or Sub-licensee to visit KVC's plant or office in _____, in operation utilizing the Proprietary Information, KVC's works in _____ or such other works designated by KVC. The period, time, method, and reasonable details of such visits shall be determined separately through mutual consultation between the parties.

**訳**　ABC の要請ある場合，KVC は，合理的な人数の ABC またはそのサブライセンシーの人員が，本財産的情報を利用して操業している _____ の KVC の工場または事務所，あるいは，KVC の _____ 所在工場，あるいは，KVC の指定する他の工場を訪問することを認める．

　かかる訪問の期間，時間，方法ならびに合理的な詳細については，当事者間の相互の協議により，別途，決定するものとする．

**解説**　契約で，訓練の目的と人員の制限，選抜方法，費用負担等をしっかり規定しないでおくと，ライセンシー側から予想外の多数の人員の訪問や訓練対象の技術者以外の幹部や，本来訓練とは無縁と考えられる有力者が来訪して，びっくりさせられることがあります．このような紛糾や問題を予防するためには，来訪者数を技術移

転に必要な合理的な人数に限定し，具体的なスケジュール，人数，場合によっては具体的な来訪予定者リストのバックグラウンド，研修目的等を取り決めておくことが大事になります．実務面では，ライセンサー側で訪問者の名簿を確認し，一部のメンバーについては拒絶する権利を留保することが賢明なケースもあるでしょう．

**例文130** 技術指導（**Technical Assistance**）(5)…トレーニングをライセンサーの施設に受け入れて行うことを規定

> KVC further agrees, at the request of ABC, to train ABC's personnel at KVC's plant or other appropriate place in _____ , to enable them to acquire and learn skills and knowledge required for the design and manufacture of the Licensed Products, provided that such visits for training shall be conducted one time only and the training period shall not exceed six (6) man-months.
>
> The period, time, method and reasonable details of the training shall be determined separately through mutual consultation between the parties.

**訳** KVCは，さらに，ABCの要請ある場合は，ABCの従業員が許諾製品のデザインならびに製造に必要な技術と専門知識を獲得，修得できるように，KVCの工場あるいは，_____に所在の他の適切な場所で，訓練を行うことに同意する．ただし，訓練のための訪問は，1回限りとし，訓練期間は6マン・マンスを超えないものとする．

訓練の期間，時間，方法ならびに合理的な詳細については，当事者間の相互の協議によって，別途決定されるものとする．

## 3 ライセンス許諾の表示，グラント・バック条項，権利の帰属に関わる条項の読み方

**例文131** ライセンス許諾の表示（**Use of Legend**）(1)
…ライセンス許諾の事実の許諾製品への表示を規定

> In connection with the Licensed Products, ABC may use the expression "designed and manufactured license under the license from licensor Karen View Corporation", or words similar thereto.

**訳**　許諾製品に関連して，ABC は「カレン・ビュー・コーポレーションのライセンスのもとでデザインし，生産された」という表示または類似の表示を使うことができる．

**解説**　ブランド・ライセンスや特許ライセンスの場合，「ライセンス生産された」という表示をすることは，マーケティング上，有用です．生産された製品について，知的財産権の侵害等が問題視されたり，クレームを付けられたりするリスクを回避するだけでなく，商品についての信用を獲得するのにも役立つという期待も加わるからです．

しかし，トレード・シークレットとなると，特許ほど定かではありません．トレード・シークレットとして秘密に保護されている技術情報によって製造されていると

表示することにどれだけ意味があるでしょうか．しかし，著作権や商標権と一体となったトレード・シークレットのライセンスでは，ソフトウエアであれ工業製品であれフランチャイジングであれ，ライセンサーが高い品質の製品・サービスを提供し，名声を獲得しているケースでは，そのライセンサーの名前とイメージが確立し，顧客吸引力を持っている場合があります．その場合，そのトレード・シークレットを保有者からライセンスを得ていると表示することは，その品質等に一種の保証を得ていることとなり，顧客吸引力を強化することになるでしょう．本例文は，そのような場合に，"Legend"（説明）を表示してもよいというオプションをライセンシーが保有することを規定しています．

**例文132　ライセンス許諾の表示（Use of Legend）(2)
…商標の許諾の表示の権利があることを規定**

> ABC shall have the right to use its own trademark as well as the trademark"Karen View"owned by KVC in connection with the Licensed Products.

**訳**　ABCは，許諾製品について，自社商標とKVCが所有する「カレン・ビュー」商標を使用する権利を有するものとする．

**解説**　①ソフトウエアでは，商標の使用許諾と著作権の使用許諾が一体化しているケースも多いでしょう．ライセンシーの権利としてではなく，ライセンサーから，ライセンサーブランドの使用と使用許諾の表示を義務づけられることもあります．いわゆる偽物ビジネスをする側も同じようにライセンサーからの使用許諾の表示を施

してしまえば，たしかに不正商品の防止には役立ちませんが，虚偽の表示をした側は故意の侵害となり，「偶然に似てしまっただけで，侵害の意図はなかった」という言い逃れができなくなるという効果はあるでしょう．

②本例文では，ライセンシーの立場に立ち，ライセンシーの自己の商標で許諾製品を販売してもよいことを規定しています．ライセンサーブランドと結合して使ってもよいといっています．ライセンサーによっては，ライセンシーの倒産や不正行為によるイメージダウンを恐れて，そのリスクを絶対に負わないようにするため，ライセンサーブランドとの結合した表示を禁止するケースもあります．

③実務上では，表示用のLegendのサンプルを事前にライセンサーに提出してその承認を取り付けることを取り決めることもあります．品位，大きさ，色彩，ロゴ，商品番号の表示の仕方等で，ブランドイメージを傷つけられないよう配慮するのです．特に，そのLegendだけが多数製作され，横流しされて偽物に使われないかなど，細かくチェックされます．偽物に使われるLegendにはしばしば，同じ品番（商品番号）のものがあります．横流しにより，Legendだけ本物と同じで，商品が偽物というケースがあります．

**例文133**　改良情報とグラント・バック条項（Improvements; Grant-back）(1)…ライセンス契約で，①ライセンサー，ライセンシーによる改良技術，改良情報の相互交換，使用許諾を取り決め

Article _____ (Improvements and Grant-back)
1  Each party agrees to inform each other of any de-

velopment or improvement made in connection
with the Proprietary Information relating to the Li-
censed Products, and disclose at the other party's
request, details of such development or improve-
ment.

**訳** 1　両当事者は，許諾製品に関する本財産的情
報に関連する開発・改良について互いに連絡し，その開
発・改良についての詳細を相手方に開示することに同意
する．

**解説** ①トレード・シークレットの内容を，その目的
（許諾製品）に沿ってライセンサーまたはライセンシー
が改良したとき，ライセンス契約には何の規定もないと
き，互いに相手方に通知する義務があるでしょうか．双
方の期待が異なれば，紛争の種になりかねません．実務
上，この問題を解決するために設けられる解決策のひと
つが，本例文のとった方針です．互いに連絡しあうとい
う方針です．

②一方だけが連絡義務を負う規定もありえます．ビジ
ネス上の必要性と力関係によって決まる問題でもありま
す．ライセンサーが，ライセンシーによる改良を禁止す
ることもあります．

**例文134**　改良情報とグラント・バック条項（Improve-
ments; Grant-back）(2)…ライセンサー改良情報のライ
センシーに対する情報提供と使用許諾を規定

Article _____ (Improvements and Grant-back)
2　ABC shall have the right to use such develop-
ment or improvement of the Proprietary Informa-

tion made and disclosed by KVC without payment of any additional royalty.

**訳**　２　ABCは，KVCによって開発され，開示された本財産的情報の開発，改良版について，何ら追加のロイヤルティーを支払うことなく使用する権利を有するものとする.

**解説**　①本例文は，ライセンサーが，ライセンス契約の有効期間中に改良した，いわばバージョンアップした商品の情報をライセンシーが使用できる権利を明確にしたものです.

②"without payment of any additional royalty" は「追加のロイヤルティーの支払いを行うことなしに」という意味です. ライセンサーの改良版の情報をライセンシーが使用できることだけを規定しておくと，改良版の使用について高額の追加の使用料を請求されるリスクが残っています. この語句のねらいは，その使用について改めて追加のロイヤルティー支払いが要求されないことを確認するものです.

**例文135**　ソフトウエア等許諾製品の著作権・所有権の帰属条項（**Copyrights and Ownership**）(1)…著作権・所有権はライセンサーに帰属し，ライセンシーに移転しないと規定

Copyright and full ownership of the Licensed Products and all materials relating thereto shall at all times remain in KVC.

**訳**　許諾製品の著作権およびすべての所有権ならび

にそれに関する一切の資料は，常に，KVCの所有に留まるものとする．

（解説）　ライセンスされたソフトウエアは，あたかも物品が販売し，引き渡されるように販売され，引き渡されていきます．しかし，それにもかかわらず，その著作権と所有権がライセンサーに帰属したままであることを規定するのが本例文のねらいです．

**例文136**　**ソフトウエア等許諾製品の著作権・所有権の帰属条項（Copyrights and Ownership）⑵…著作権・所有権はライセンサーに帰属すると規定**

ABC acknowledges and agrees that the exclusive rights to all copyrights and trademark used on or in connection with the Licensed Products shall remain in the sole property of KVC.

**訳**　ABCは許諾製品上にまた許諾製品に関連して使用されるすべての著作権と商標に対する独占的な権利がKVCの単独財産として留まることを認め，それに同意する．

（解説）　①先の例文（例文135）とともに，ライセンスされた製品の著作権の帰属先がライセンサー（KVC社）であることを宣言する簡潔な規定です．

　②著作権ライセンスの交渉の実務では，本例文でカバーしていない論点として，ライセンシーが制作した製品の著作権の帰属問題があります．単にコピーしただけでは当然ライセンサーに帰属しますが，たとえば現地のマーケット向けに根本的につくり直したり，現地語版を作成したケースです．形，色，ストーリーの改変まで加わ

ります.

　その制作費用, 開発の独自の創造的な仕事や芸術的な仕上げ等が絡んでくると, 問題が複雑になってきます. ライセンサーが費用を負担し, ソフトウエアの著作権を買い上げて, 常にライセンサーの帰属とするのが理想的なのでしょうが, なかなかそうスムーズに進むケースばかりではありません. 対価について合意することが非常に難しいからです. 決裂した場合の効果を考えてみると, その問題の深さが浮き上がってきます.

**例文137**　ソフトウエア等許諾製品の著作権・所有権の帰属条項（**Copyright and Ownership**）⑶…ソフトウエア・ライセンス, 映像作品ライセンスで, ライセンサーが所有者であり, 著作権者であり続けると規定

> Notwithstanding KVC's grant to ABC of a license to the Licensed Products under this Agreement, it is agreed by the parties that KVC is and will continue to be the holder of any and all copyrights with respect to the Licensed Programs.

　**訳**　本契約に基づくKVCによるABCに対する許諾製品のライセンスの許諾にもかかわらず, KVCが, 許諾製品に関する一切の著作権の所有者であり, あり続けることが両当事者間で明白に合意される.

242

**例文138** ソフトウエア等許諾製品の著作権・所有権の帰属条項（**Copyright and Ownership**）(4)…①著作権その他の財産的権利はすべてライセンサーに帰属し，派生品についても同様，②ライセンサーがアップデート版を本国で発売したときは，ライセンシーにも無償で開示・提供．③アップデート版の著作権はライセンサーに残ると規定

1　ABC agrees that all rights, title and interest in the Proprietary Material and Trademarks, including all copyrights in KVC Products and all derivatives thereof are the exclusive property of KVC.

2　KVC shall furnish to ABC at no charge any updates that KVC incorporates into KVC Products and releases generally to users in the country of KVC, which is the United States of America. All such Updates shall become part of KVC Products and shall remain in the sole property of KVC.

　　**訳**　1　ABCは，KVC製品とそのすべての派生品のすべての著作権を含み，財産的権利のある資産ならびに商標に関わるあらゆる権利，権原ならびに権益が，排他的にKVCの資産であることに同意する．

2　KVCは，KVCがKVC製品の一部に組み入れ，その本国，つまり米国で，ユーザーにリリースしている最新版を無料でABCに提供しなければならない．かかるすべての最新版は，KVC製品の一部をなし，KVCの単独財産として留まるものとする．

**例文139**　ソフトウエア等許諾製品の著作権・所有権の帰属条項（**Copyright and Ownership**）(5)…コンピュータ・プログラムの使用許諾契約で，ライセンシーが変更を加えても，ライセンサーに著作権・所有権が帰属すると規定

---

Article ＿＿＿＿＿ (Copying and Modifying)

The original and copies of the Robin Computer Program, in whole or in part and however modified, which are made by ABC, as between Robin and ABC shall be the exclusive property of Robin.

Except as expressly stated in this Agreement, ABC shall make no copies of the Robin Computer Program or any materials supplied to ABC pursuant to this Agreement.

---

**訳**　ロビン・コンピュータ・プログラムのオリジナルとコピー（複製）は，全部であれ，一部であれ，また，ABC（ライセンシー）によって，いかに変更が加えられていたとしても，ロビンとABC間では，排他的にロビンの財産とする．

本契約で明確に規定されない限り，ABCは，ロビン・コンピュータ・プログラムまたは本契約に従いABCに提供された他の資料のコピー（複製）を作成してはならない．

# 4 保証と保証の排除に関わる条項の読み方

**例文140** 品質・知的財産権の保証と保証・適合性の排除（**Limited Warranties**）…コンピュータ・ソフトウエア，著作物のライセンス等で，品質・知的財産の保証とその排除を規定

1　KVC warrants that KVC Products will conform to descriptions described in Exhibit A attached hereto.

2　The express warranties set forth in this Article are the only warranties given by KVC. KVC makes no warranties or representations with respect to KVC Products and disclaims all implied warranties, including but not limited to implied warranties of merchantability, fitness for a particular purposes and non-infringement.

**訳**　1　KVCは，KVC製品が本契約の添付別紙Aに記載された内容（仕様）に一致することを保証する．
2　本条の上述の明示保証は，KVCが与える唯一の保証である．KVCは，KVC製品について，他のいかなる保証も表明もしないものとし，黙示のすべての保証を排除する．これは商品性，特定の目的への適合性および非侵害の黙示の保証を含み，それらに限定されない．

**解説**　①添付別紙に記載した仕様に合致する以外には，保証や表明はないことを規定するのが本例文のねらいです．ライセンサーのねらいにより作成されていま

す．ライセンシーにとっては，別紙の記載をいかに広く規定するかが交渉上のポイントになります．本文で一般的な保証がいかに排除されていても，別紙での記載を工夫すれば，ライセンシーの立場から必要なライセンサーからの確約を確保することは可能でしょう．別紙に記載の保証は，排除の例外となっているからです．

　②ライセンサーからすれば，ライセンシーとの交渉で，別紙の記載内容がかなり詳しくなり，その適合が大変だというケースがあります．そのような場合を想定するときは，あらかじめ，"conform" の代わりに "substantially conform"（実質的に合致する）という規定を置く方法があります．厳密に一致しなくても，だいたい一致すれば合格というニュアンスです．

　③"merchantability" とは，「商品性」を指します．米国の各州の法律である Uniform Commercial Code（アメリカ統一商事法典；U.C.C.）で使われている用語です．マーケットで商品として通常通用しているか，商品性があるかないかの基準になります．たとえば，食に適さない食品は商品性がありません．有害な薬品も商品性がありません．燃えやすい衣服もそうです．商品性とは，その商品に対して備わっていると一般に期待され，合理的に考えても，その商品がその商品であるために通常備えていなければならないはずの性能のことをいいます．

　④文字通り，コンピュータ・ソフトウエアの商品性，品質保証の一切を排除しようというケースがあります．たとえば，ベンチャー企業がソフトウエアを初めてリリース（市場に提供）するときです．次の例文141で紹介しましょう．

246

**例文141** 知的財産権の保証，保証排除，損害賠償責任の限定（**Limited Warranties; Limitation on Liability**）(1)…ソフトウエア・ライセンス等で，①いかなる保証もしないライセンスであること．②**as is**ベースを規定

---

Article _____ (Disclaimer of Warranties)

1 ABC confirms and agrees that Robin Products are hereby licensed and supplied to ABC on an"as is"basis. ABC agrees to accept the license to use Robin Products and delivery thereof on an"as is"basis.

2 THERE ARE NO WARRANTIES EITHER BY KVC OR ROBIN HOOD COMPANY ("RHC"), WITH RESPECT TO ROBIN PRODUCTS OR ANY PROPRIETARY RIGHTS THEREIN, EXPRESS OR IMPLIED WARRANTIES OF MERCHANTABILITY AND FITNESS FOR A PARTICULAR PURPOSE.

---

**訳** 1 ABCは，ロビン製品が本契約によりABCに対して，現状有姿条件で，使用許諾され，供給されることを確認し，同意する．ABCは，ロビン製品を現状有姿条件で，使用許諾を受け，その引き渡しを受諾することに同意する．

2 ロビン製品あるいはその知的財産権については，KVCからもロビン・フッド・カンパニー（「RHC」）からも，明示・黙示を問わず，商品性の保証，特定目的への適合の保証を含む一切の保証が与えられないものである．

**（解説）**　①例文の第2項が大文字（capital letter）で記載されているのは，アメリカ統一商事法典（U.C.C.）第2編商品売買の規定の2-316条に基づいています．U.C.C.の規定により，売主側に課された商品性保証等を排除するためには，契約書にはっきりと（conspicuousに）規定しておかなければならないのです．そうしなければ，紛争が発生し裁判になったとき，その排除条項のenforceability（強制力）を認めないと規定しています．裁判官は，あたかもその条項の規定がないかのような扱いをします．conspicuousに排除するためにU.C.C.は，売主が大文字か赤色など目立つ方法で排除すると記載すればよいとしています．こっそり，目立たない方法で規定するのはフェアでないという考えがその基盤にあります．

　草案が準備されたU.C.C.2B編（ソフトウエア・情報ライセンス）でも，保証の制限について同様の規定が準備されていました．しかし，ソフトウエアの開発者側と利用者側の利害の対立があったり様々な事情から，U.C.C.とは独立したモデル法典（Uniform Computer Information Transaction Act（略称UCITA）としてまとめられました．UCITAは，影響力はあるものの，U.C.C.ほどには普及していません．

　②ソフトウエア・ライセンスでも，契約の規定により売買契約と同様に排除することができます．売買よりも排除は重要だともいえるでしょう．ただ，ソフトメーカーから見れば，もともと賠償責任の対象になじまないという面があります．ところが現実のビジネスでは，イギリスのセント・アルバンス事件（セント・アルバンス市に施設の料金算出のためのソフトウエアを納入したが，

ソフトウエアで設定された金額が低すぎて市の財政を悪化させた事件）のように，ソフトメーカーが賠償責任を負わされる判決が出ています．売主と同様の保証責任を負担させたのです．契約における責任排除の方法は，慎重に考える必要があります．世界各国どこでも，同じ表現で常に有効であるという保証がありません．その意味では，契約条項に依存するには限界のある領域ともいえるでしょう．

　ソフトメーカー（開発者）には，その製品から起こり得るあらゆる責任を排除するため，契約書の作成において，保証の排除を目的に慎重に排除規定を工夫している企業があります．どこまで有効に働くかは管轄の裁判所次第という面がありますが，そこは，割り切って，最大限の排除を試みるというのでしょう．

**例文142**　**知的財産権の保証，保証排除，損害賠償責任の限定（Limited Warranties; Limitation on Liability）(2)…コンピュータ・プログラムの①保証についてきわめて限定的に規定．②商品性，特定目的への適合性等黙示保証を一切しないと規定**

Article _____ (Limited Warranties)

1　KVC warrants that the Licensed Program, when properly used, will operate substantially as set forth in the documentation subject to the conditions stated in this Agreement. KVC further warrants the tape or disc on which the Licensed Program is delivered to be free of defects in material and workmanship for a period of sixty (60) calendar days following the date of delivery.

2　EXCEPT AS SET FORTH IN THE SECTION 1 OF THIS ARTICLE, KVC DOES NOT MAKE ANY EXPRESS OR IMPLIED WARRANTY WITH RESPECT TO THE LICENSED PROGRAM, INCLUDING WITHOUT LIMITATION ANY IMPLEIED WARRANTY OF MERCHANTABILITY OR FITNESS FOR A PARTICULAR PURPOSE, AND THE EXPRESS WARRANTY STATED ABOVE IS IN LIEU OF ALL LIABILITES OR OBLIGATIONS OF KVC FOR DAMAGES ARISING OR IN CONNECTION WITH THE DELIVERY, USE OR PERFORMANCE OF THE LICENSED PROGRAM.

**訳**　　第＿＿＿条（保証；責任の限定）

1　KVC は，許諾プログラムが，正しく使用されたとき，本契約で規定する条件に従って書類でなされる説明と実質的に同じように稼動することを保証する．KVC は，さらに許諾プログラムが引き渡されるテープまたはディスクが，引き渡し日から60暦日間，その材質と製造方法において瑕疵がないことを保証する．

2　本条の第1項に規定する場合を除き，KVC は，許諾プログラムについて，商品性または特定目的への適合性の黙示保証を含み，それに限定されないいかなる明示，黙示の保証も行わないものであり，上記の明示保証は，許諾プログラムの引き渡し，使用，履行から，あるいは関連して発生する損害に対する KVC のすべての債務，責任に代わるものである．

**解説**　　①本例文は，ひとつ前の規定（例文141）よ

り，詳しい保証責任の排除規定です．"as is"という用語
を使わないで，U.C.C.の規定の排除条項を満たす規定
を置こうとすると，本例文のように，きわめて長くなり
ます．具体的に排除対象となる保証（「商品性」「特定目
的への適合」への黙示保証等）に明確に言及して，排除
することをU.C.C.（アメリカ統一商事法典）2-316条が
求めているからです．厳密には，ソフトウエアの取引で
は，U.C.C.2-316条はそのまま適用されるわけではあり
ません．また，UCITAは，U.C.C.に比べれば，採用し
た州は数ないのですが，仮にU.C.C.の2-316条がソフ
トウエア取引に適用されても大丈夫なように排除の規定
をしておこうというのが一般的な傾向といえるでしょ
う．抽象的な排除規定，たとえば，あらゆる保証を排除
するといった規定を置くだけだと，米国では排除の効果
がないのです．

　②"implied warranty of merchantability or fitness for
particular purpose"とは「商品性，特定目的への適合性
の黙示保証」を意味します．U.C.C.で使われる用語で
す．

## 5　知的財産権侵害へのクレーム，訴訟対応に関わる条項の読み方

**例文143**　知的財産権の保証，保証排除，損害賠償責任の限定（**Limited Warranties; Limitation on Liability**）
(3)…ライセンス契約で，①ライセンサーが許諾地域での商標の保有者だと保証．②第三者からの他の知的財産権に基づくクレームが提起されないことは保証しない．③商標に関する訴訟提起，防御は，ライセンサーが単独で行う

---

1　KVC warrants that it is the owner of the Trademarks "Karen", "Karen View", "KVC" (details of which are described in Exhibit A) in the Territory and the country of KVC but does not warrant that no claim will be made against ABC or any Sub-licensee(s) by third parties for infringement of any other proprietary rights.

2　KVC shall have the sole right to conduct or defend any action relating to the Trademarks set forth above.

---

**訳**　1　KVCは，許諾地域とKVCの国における「カレン」「カレン・ビュー」「KVC」商標（その詳細は，別紙Aに記載）の所有者であることを保証するが，第三者がABCまたはそのサブライセンシーに対して，他の財産権に基づく侵害のクレームを起こすことがないことを保証しない．

2　KVCは，上記の商標に関する訴訟を提起し，または

防御する単独の権利を有するものとする.

**（解説）** ①本例文は，ライセンス対象のブランドについて権利者であることを保証しています．ただし，この保証が登録状況をどこまで保証，確認しているかは，別紙を見なければわかりません．ライセンシーの立場からいえば，登録商標であることと，その登録番号等もあわせ記載させて確認することが必要でしょう．ライセンサーの立場からいえば，もし登録していない商標があれば，その対応方針を記載した方が親切でしょう.

　②第三者に対する侵害訴訟を誰が提起し，誰が防御するかは重要であり同時に難問です．基本的には，知的財産権者が提起すべきものです．紛争解決や訴訟に関わるライセンシーの費用の分担や協力義務の問題は残ります．知的財産権の侵害訴訟では，ライセンシーは訴訟提起の当事者としては不適格であることが多いのです．ただし，ライセンサーが特許権の専用実施権者としての登録や商標の専用使用権者としての登録を特許庁で行っている場合は，それぞれ専用実施権者，専用使用権者は，特許権・商標権の侵害者に対して排除請求できます.

**例文144**　**知的財産権の保証，保証排除，損害賠償責任の限定（Limited Warranties; Limitation on Liability）**
**⑷…ライセンス契約で，①第三者による著作権・商標・トレードシークレット侵害への対応を規定．②ライセンサーが主導で責任とその費用で訴訟を担当・遂行．③ライセンシーの協力義務**

1　ABC shall promptly notify KVC of any infringement or attempted infringement or misappropriation of any copyrights, trademark or trade-secrets of

KVC to the Licensed Products.

2　KVC will take all reasonable steps to terminate or prevent any third-party infringement or misappropriation or other unauthorized use of such copyrights, trademark or trade secrets.

ABC shall, upon KVC's request, cooperate with KVC in such reasonable measures KVC may elect to take with respect to such infringement or misappropriation.

**訳**　1　ABCは，許諾製品に対するKVCの著作権，商標権またはトレード・シークレットが（第三者によって）侵害されたり，侵害されるおそれがある場合や，不正使用されている場合には，ただちにKVCに通知するものとする．

2　KVCは，そのような著作権，商標権，トレード・シークレットの侵害や悪用または他の不正使用をやめさせるか，防止するため，あらゆる合理的な措置をとるものとする．

KVCの要請があるときは，ABCはKVCがそのような侵害や悪用に対抗して選択する合理的な手段について協力するものとする．

**解説**　ライセンス契約で，第三者の侵害に対抗してライセンシー，ライセンサーがとるべき方法・行動は，実際には困難な問題を抱えています．ライセンシーに防御義務や排除義務を一方的に課すと，その紛争処理や訴訟の巧拙で，ライセンサーに不利な結果をもたらすことがあります．ライセンサーですべて防御しようとすると，余計な費用ばかりかかる可能性があります．本例文で

は，防御遂行は原則的にはライセンサーの義務とし，ライセンシーの協力義務を規定しています．

**例文145** 知的財産権の保証，保証排除，損害賠償責任の限定（**Limited Warranties; Limitation on Liability**）
⑸…ライセンス契約で，①ライセンシーが第三者による著作権侵害行為を知ったときは，ただちにライセンサーに通知．②両者で協議し，訴訟を提起したときは，費用，成果を折半．③ライセンサー単独で訴訟を提起したときは，費用，成果ともにライセンサーに帰属

If ABC finds any infringement or attempted infringement of any copyrights to the Licensed Products in the Territory, ABC shall promptly notify KVC of such infringement.

Upon such notification, KVC and ABC shall discuss whether or not any action should be taken against such infringement.

In case KVC and ABC decide certain actions to be taken, then KVC shall take, in its name, an appropriate action against such infringement. All outside expenses incurred and all damages recovered by such action, including attorney's fees, shall be equally shared by KVC and ABC.

In case actions are instituted by KVC without such discussion with or agreement of ABC, all the expenses incurred for such action shall be borne by KVC, and all the damages recovered therefrom shall belong to KVC.

**訳**　　第三者が許諾地域内で許諾製品の著作権を侵害していたり，侵害のおそれがあることを発見した場合，ABCはただちにKVCに対して，その侵害について通知するものとする．

通知を受け次第，KVC，ABC両者は，何らかの対抗措置を講ずるかどうかについて協議する．

両者が対抗措置を講ずると合意したときは，KVCは，自己の名前で，侵害に対して適切な措置をとるものとする．その対抗措置のために費やした弁護士料を含む費用ならびに回収した損害賠償額については，両者で均等に負担，分配するものとする．

KVCが著作権侵害に対する対抗措置をABCとの協議または合意なしに開始したときは，その費用も回収した賠償金額もすべてKVCに帰属するものとする．

**解説**　　①本例文での著作権侵害への対抗策の基本方針は，両者で協議をして方針を決めることです．協議が整ってから，侵害行為に対し対抗措置を共同でとります．訴訟提起の名義は著作権者であるライセンサーになりますが，費用の負担も成果の分配も折半です．通常，費用の大半は弁護士料（lawyers fee; attorney's fee）で，そのコントロールがカギになります．対抗措置のActionとは，通常は訴訟を指します．現実には，対抗措置には仮処分申し立てや訴訟にいたるステップとして相手方への書面等による警告や請求も含まれることがあるでしょう．

②例外的なケースとして，ライセンサーのみで決定し，ライセンサーのみで侵害行為排除，損害賠償請求等の訴訟を遂行する場合があります．協議をせずに，ライセンサーが一方的に単独で訴訟等対抗措置を遂行する場

256

合です．本例文の規定ではその費用も成果もライセンサーに帰属します．

**例文146** 知的財産権の保証，保証排除，損害賠償責任の限定（**Limited Warranties; Limitation on Liability**）⑹…ソフトウエア，ブランド・ライセンス契約で，許諾される商標につき，①許諾商標が許諾地域で，登録された商標だと確認．②第三者の商標を侵害しないと保証

---

Article _____ (Representations and Warranties as to Trademarks)

1　KVC represents that it is the owner of Karen View Trademarks and that Karen View Trademarks have been duly registered（or applied）in _____ .

(i)　Trademarks: Karen View

　　_____

(ii)　Class: _____

(iii)　Registered Number: _____
Application Number: _____
Status of Registration（Registration or Application）:

　　　_____

(iv)　Date of Registration and Renewal:

2　KVC represents and warrants that Karen View Trademarks are and will be valid trademarks in the Territory during the term of this Agreement or any extension thereof and the use of Karen

> View Trademarks in the Territory will not infringe on any other person's trademarks.
>
> 3　KVC agrees to indemnify and hold ABC harmless from any third party's claim for losses and damages which may arise from the use of Karen View Trademarks by ABC in the Territory under this Agreement.

**訳**　1　KVCは，KVCがカレン・ビュー商標の所有者であり，同商標が＿＿＿＿＿（使用許諾国）で正当に登録されている（または，登録出願がなされている）ことを表明する．

(i)　商標名：カレン・ビュー

＿＿＿＿＿＿＿＿＿＿＿＿＿＿＿

(ii)　商標分類：＿＿＿＿＿＿＿＿＿＿＿

(iii)　商標登録番号：＿＿＿＿＿＿＿＿＿

商標出願番号：＿＿＿＿＿＿＿＿＿＿＿

登録の状況（登録済み・登録出願中）：

＿＿＿＿＿＿＿＿＿＿＿＿＿＿＿

(iv)　登録ならびに更新の日付：＿＿＿＿＿＿＿

2　KVCは，カレン・ビュー商標が本契約の期間またはその延長期間中，地域において有効な商標であること，また，カレン・ビュー商標の地域における使用が第三者の商標権を侵害しないことを表明し，保証する．

3　KVCは，ABCが本契約に基づき許諾地域でカレン・ビュー商標を使用したことから生じたと主張する第三者の損失または損害賠償につきABCを免責し，ABCに補償することに同意する．

**解説**　①第1項は，許諾地域（国）でライセンス対象

の商標が登録されているか，登録されている場合，いかなる商標登録をしているか更新されているかを確認することが主眼です．意外にも，登録名義人がライセンサーではなく，個人名だったりタックスヘイブンの企業だったりすることがあります．

　③第3項のhold harmless条項は，ライセンサーがライセンシーを守るための規定です．実務上，しばしば見られる規定ですが，ライセンサーにとっては非常に大きな負担となることがあります．結果としては，全く類似していないケースであっても，第三者がビジネス上戦略的な理由で，商標権の侵害や不正競争防止法違反等に基づき訴訟を起こして中止を求めてくることがあります．訴訟を起こす側は，競合品からの市場での脅威を少しでも抑えることができればというねらいで訴訟を提起し，競争相手やその商品・ブランドのイメージを傷つけ，顧客が不安を抱けば成功というわけです．時間をかけて訴訟を遂行し，相手のイメージを傷つけ，マーケティング上有利に展開することも戦略として採用されることもあります．あるいは，単に和解金目当ての訴訟もあります．

**例文147**　知的財産権の保証，保証排除，損害賠償責任の限定（**Limited Warranties; Limitation on Liability**）(7)…ブランド・ライセンス契約で，①本国ならびに数カ国では商標登録済みであるが，許諾地域で商標登録が未登録であり，②商標登録はライセンサーが契約調印後行うと規定

1　The Licensor warrants that it has a valid trademark registration of _____ and _____ in _____ covering the Licensed Products, and that it has the right to license the Karen View Trademark in the Territory according to the terms of this Agreement.

2　The Licensor warrants that it will submit an application for trademark registration of Karen View Trademarks covering the Products in the Territory immediately after the execution of this Agreement.

3　ABC agrees to assist the Licensor in the procurement of any protection of the Licensor's right pertaining the Karen View Trademarks, at the Licensor's request and expense.

**訳**　1　ライセンサーは，ライセンサーが ＿＿＿＿ （国名）において，許諾製品に使用する ＿＿＿＿ （商標名）と ＿＿＿＿ （商標名）の有効な登録商標権を保有していることを保証し，また，許諾地域において，カレン・ビュー商標を本契約の条件に従って，使用許諾する権利があることを保証する．

2　ライセンサーは，本契約調印後，ただちに，カレン・ビュー商標の登録出願を行うことを保証する．

3　ABC は，ライセンサーの要請とその費用で，ライセンサーの権利に関わる保護を取得するにあたりライセンサーを支援することを約束する．

**解説**　前の例文 146 と比べると，本例文は，許諾地域における商標の権利確立についての保証がありません．契約時には，まだ登録出願すら提出されていません．しかし，実際にはこのような商標ライセンスも多いのです．契約時，本国では商標登録されていても，商標は各

国ごとの商標登録制度です．許諾地域で登録されていなければ，第三者が同じあるいは類似の商標を先に登録している可能性すらあります．その場合は，ライセンサーは登録できないこともあります．

**例文148** 知的財産権の保証，保証排除，損害賠償責任の限定（**Limited Warranties; Limitation on Liability**）(8)…ライセンス契約で，①第三者による商標権侵害には，両者が対抗措置を協議し，ライセンサーが必要と認める措置をとる．②侵害に対する対抗措置は，ライセンサーの責任と費用で排除．③ライセンシーは，協力要請あるときは協力

1 ABC shall forthwith upon coming to its knowledge notify the Licensor of any infringement or threatened infringement or counterfeiting of the Karen View Trademarks.

2 In case of any infringement or counterfeiting as referred to above, the Licensor and ABC shall immediately mutually consult on the course of action to be taken. After its consultation with ABC, the Licensor will, to the extent it considers necessary, take at its expense all appropriate actions, including the commencement of any suit or other proceedings against such infringer or counterfeiter.

3 ABC shall at the Licensor's request render all reasonable assistance in connection with such actions.

**訳**　1　ABCは，カレン・ビュー商標が（第三者により）侵害されたり，侵害されそうになったり，偽物がつくられていることを知ったときは，ただちにライセンサーに知らせるものとする．

2　上記のような侵害，偽物が発生した場合は，ライセンサーとABCはただちに，とるべき対抗措置について，協議するものとする．ABCとの協議の後，ライセンサーは，ライセンサーの必要と判断する範囲で，その費用で，侵害者，偽造者に対する訴訟やその他の手続を含むすべての適切な対応措置をとるものとする．

3　ABCは，ライセンサーの要請あるときは，かかる対応措置に対して，合理的なあらゆる協力を行うものとする．

**解説**　①本例文のねらいは，商標使用許諾地域で，第三者からの商標権侵害が発生した場合，その侵害行為に対し，どう排除するかについて対応方法，対応責任者，費用負担者をあらかじめ取り決めることにあります．国際的ライセンス契約では，侵害行為を排除するための対抗措置をどのようにして決定し，誰が誰の費用でその対抗措置を遂行するのかをあらかじめ決めておくことが紛争防止に役立ちます．何も取り決めずに協議事項に委ねるやり方は勧められません．

②侵害行為排除の責任をすべてライセンサーに帰属させるのもひとつの方法ですが，協力義務をライセンシーに負わせることも頻繁に行われます．本例文では，協議後，対抗措置はライセンサーが必要と考える範囲でとることとし，ライセンシーは協力義務を負担しています．ライセンサー主導で侵害を排除する場合としては，標準的な規定であるといえるでしょう．

## 6　許諾製品の品質コントロールに関わる条項の読み方

**例文149**　ライセンス許諾製品のブランドイメージ，名声維持と品質コントロール（**Control of Quality**）(1)…ライセンス契約で，①品質，名声を維持するための規定を置く．②ライセンサーの承認する見本，モデル通り制作する義務を負う．③新作品のリリース時には見本を提出し，承認を得る

ABC agrees that the Licensed Products manufactured and sold under this Agreement shall be of high standard and such quality as to enhance the reputation and prestige of the Karen View Trademarks.

ABC undertakes to manufacture and distribute all of the Licensed Products strictly in accordance with samples, models approved by the Licensor and its instructions as to shape, color and materials.

ABC shall submit to the Licensor for its approval before starting the production of the Licensed Products for sale, sample or models which ABC plans to sell or offer for sale under Karen View Trademarks.

**訳**　ABC は，本契約のもとで，製造・販売される許諾製品が高い水準のものであり，カレン・ビュー商標の評判と威信を高める品質であることに同意する．

　ABC は，すべての許諾製品をライセンサーが承認した見本，モデルならびに型，色彩，材料についての指示に厳密に従って，生産，販売することを約束する．

　ABC は，販売用の許諾製品の生産を開始する前に，ABC がカレン・ビュー商標により販売するか販売に供することを計画する見本またはモデルをライセンサーに提出し，その承認を得るものとする．

（解説）　①冒頭にライセンス対象の知的財産（ブランド等）の名声維持という目的を規定し，続いてサンプルやライセンサーからの指示に従うことを具体的に規定しています．ライセンサー側からの指示には品質の同一性，高級イメージを維持するための技術，ノウハウが含まれることが多くあります．いったん粗悪品，廉価品が多数出回ると，せっかく築き上げたブランドイメージが根本的に覆ることがあります．

　②商標使用許諾製品の許諾地域での販売にあたっては，ライセンサー本国の同商標製品と同じ場合があります．同種・同等のものをライセンス生産するのが基本です．しかし実際には，許諾地域の消費者の嗜好を勘案して，デザイン，色彩，型，大きさに工夫を加え，また新しい商品ライン（商品群）の追加を企画することがあります．典型は，現地の言語によるブランド，ロゴの表示の追加でしょう．ライセンサー側としては，ロゴ，美観も総合的に評価して，承認するかどうかを決める手続を規定するのが賢明でしょう．輸出に回ったり，並行輸入で海外に出た場合のイメージの維持も考慮に入れた承認でなければならないのです．

　③ライセンシーによる生産で，ブランド名による顧客吸引力を利用して素材やデザインの粗悪な品物を販売すれば，ブランドイメージは短期間で凋落します．短期的なロイヤルティーの極大化戦略は，長期的にはマイナスになることもあります．普及品，廉価品のライセンスに

は慎重でなければなりません．逆に化粧品への進出はブランドイメージを高めることがあります．

**例文150** ライセンス許諾製品のブランドイメージ，名声維持と品質コントロール（**Control of Quality**）(2)…ライセンス契約で，①定期的に見本をライセンサーに提出し，承認を受ける．②指導員の派遣による品質維持を図る

1 ABC shall deliver twice a year in advance of each Season to the Licensor free of charge samples of each item of the Licensed Products currently being manufactured by ABC or its sub-licensees, including labels and packages in order to exercise Licensor's rights of quality control.

2 ABC shall ensure that ABC or its sub-licensees comply, observe any recommendation of the Licensed Products bearing Karen View Trademarks.

3 The Licensor may at its option once a year send one or two of its representatives to visit the premises of ABC and its sub-licensees in order to assist ABC or its sub-licensees in manufacturing the Licensed Products to conform to the high quality. The costs of such trip and stay of the Licensor's representatives to ABC's country shall be borne by the Licensor.

**訳** 1 ABCは，年2度，各シーズン前に，ABCまたはそのサブライセンシーがその時点で製造中の許諾

製品の各アイテムの見本を無料で，ラベルおよび包装とともに，ライセンサーが品質コントロールの権利を行使できるように送付するものとする．

2　ABCは，ABCまたはそのサブライセンシーがカレン・ビュー商標を付す許諾製品に関する勧告を遵守し，それに従うよう図るものとする．

3　ライセンサーはそのオプションにより，ABCまたはそのサブライセンシーが許諾製品を高品質品として製造するのを支援するため，ライセンサーの代表者1名あるいは2名をABCまたはそのサブライセンサーの工場に年1回派遣することができる．ライセンサーの代表者のABCの国への旅費，滞在費はライセンサーの負担とする．

（解説）①前の例文（例文149）で紹介したブランドイメージ，品質のコントロールの基本条項に加えて，定期的（たとえば年2回）に，その維持・チェックを図るためのスキームが採用されることがあります．商品のシーズンは商品ごとに異なります．シーズンが特にない商品であれば，具体的に「年2回，いついつまで」と決めておくのもひとつの解決方法でしょう．

　②本例文は，ライセンサーが実際に送付されてきた見本を遅滞なく検査し，その合格，不合格を連絡することを前提としています．もしライセンサーが検査し連絡する体制ができていないなら，たとえば，「見本送付後30日経過しても，何の連絡もないときは，合格したとみなす」などの救済規定が必要になります．権利には義務も伴うからです．

# 契約条項の読み方③

## 第8章 ──付随義務と一般条項

268

## 1　広告・宣伝・販売努力義務と販売記録 保管・報告義務に関わる条項の読み方

**例文151**　ライセンシーによる広告・宣伝，販売努力義務(1)…許諾製品の販売額の一定割合を広告・宣伝にあてる

> 1　ABC shall exercise throughout the term of this Agreement all reasonable efforts to promote and advertise the Licensed Products in the Territory.
> 2　At least ABC shall in each year spend on advertising and promoting the Licensed Products as amount equal to ＿＿＿ %（＿＿＿ percent）of the total Net Sales Amount of the Licensed Products invoiced in the previous year or ＿＿＿ U.S. Dollars, whichever is greater, in accordance with the advertisement plan to be approved by the Licensor.

**訳**　1　ABCは，本契約有効期間中，本許諾地域で許諾製品の販売促進と宣伝を行うために合理的なあらゆる努力を尽くすものとする．

2　ABCは，最低限，毎年，前年度の許諾製品の純売上総額の ＿＿＿ パーセントに相当する金額または ＿＿＿ 米ドルのいずれか多い方の金額を，ライセンサーが承認する宣伝計画に従って，宣伝・販売促進のために使うものとする．

**解説**　①第1項は，いわば抽象的な努力目標です．ただ，ライセンス契約を締結するライセンシーの中には，現実に全く販売促進活動をせず，販売実績もゼロでも平

然としているケースがあります．そのような，どちらかといえば悪意に近い販売意欲のないライセンシーを許さない，契約違反として途中解除するためには，このような規定が役立つことがあります．

②第1項の規定だけだと，販売努力をしたかどうか契約違反にあたるかどうか，客観的な基準がありません．第2項は，その客観的な基準として，ライセンシーが広告宣伝費をいくら充当したかを基準に判断しようというものです．

**例文152　ライセンシーによる広告・宣伝，販売努力義務(2)…ライセンス契約で，①ライセンシーの販売努力義務．②宣伝広告計画，広告見本につきライセンサーの事前承認**

1　ABC shall at all times during this Agreement use its best efforts to promote and to sell all the Licensed Products under the Karen View Trademarks.

2　Samples of all promotional materials or plans of advertisements referring to the Karen View Trademarks for intended use by ABC shall be submitted by ABC to the Licensor for its prior approval before the commencement of ABC's advertising campaigns to the public.

**訳**　1　ABCは，契約有効期間中いつでも，カレン・ビュー商標のもとで，すべての許諾製品を販売促進し，販売するために最善の努力を尽くすものとする．
2　ABCが使用予定のカレン・ビュー商標に関わる販売

促進資料の見本と広告の計画書は，ABCが一般公衆に
その広告宣伝活動を開始する前に，ライセンサーに提出
し，その事前承認を受けなければならない．

**例文153　ライセンシーによる生産・販売記録，帳簿作
成・保存と報告義務，ライセンサーの帳簿閲覧権
（Accounting, Records and Reports）(1)**

1　ABC shall keep, or cause to be kept, complete
and accurate records and books in the English lan-
guage sufficiently separate and detailed to show the
amount of the Licensed Products manufactured and
sold, used and leased and running royalty due and
payable to the Licensor.

**訳**　1　ABCは，許諾製品の製造・販売・使用リー
スの数量とライセンサーに対して，支払わなければなら
ないランニング・ロイヤルティーを証明するために，十
分に区分され，詳細な，英語で記載された，完全で正確
な記録と帳簿を自ら作成し，保管するか，または作成，
保管せしめなければならない．

**解説**　①本例文は，ランニング・ロイヤルティーの計
算の基礎となるデータを，ライセンシーが整備しておく
義務を規定するものです．トレード・シークレット，特
許，商標，デザイン，キャラクター・マーチャンダイジ
ング，著作権等のライセンスでは，ライセンサーが判断
するデータでライセンシーの協力なしに入手できるもの
はほとんどありません．

　②サブライセンシーによる生産・販売等については，
整備させることを義務づけるので，"cause to be kept" と

いう用語を使っています．下請け製造，サブライセンス
両方の場合をカバーしようとしています．言語の指定は
忘れがちですが，全く理解できない現地語もありますか
ら，英語または日本語などと相手方との間で確認してお
く必要があります．何の指定もなければ，相手方（ライ
センシー）の公用語になってしまいます．

**例文154** **ライセンシーによる生産・販売記録，帳簿作
成・保存と報告義務，ライセンサーの帳簿閲覧権
（Accounting, Records and Reports）**(2)

> 2　ABC shall, at the request and at the expense of
> the Licensor, permit its personnel and/or an inde-
> pendent accountant designated by the Licensor to
> have access to, examine and to copy during ordinary
> business hours such records as may be necessary to
> verify or determine any royalties, paid or payable,
> under this Agreement.

**訳**　2　ABCは，ライセンサーの要請があるとき
は，ライセンサーの費用負担でライセンサーの人員，お
よび／またはライセンサーが指定する独立した会計士
が，ABCの通常の営業時間中に，（ABCの事務所を訪
れ，）本契約のもとで支払った，または，支払うべきロ
イヤリティーの額を確認し，または決定するために，必
要な記録を閲覧し，吟味し，コピーをとることを許可す
るものとする．

**解説**　①本例文は，前の例文153に続くものであり，
ライセンサーがその人員を派遣して，ライセンシーの帳
簿の検査を行い，ライセンシーのロイヤリティーの正確

さを確認することがねらいです．本来支払われるべきロイヤルティーより少額のロイヤルティーの報告しかないのではという疑いを持って調査が行われることが多いのです．

　②ライセンサーから人員を派遣することもありますが，代わりに派遣先や自国の会計士を指定して，代理で調査させることもあります．そのような代理での調査，検査を可能とするのがこの規定です．

**例文155**　**ライセンシーによる生産・販売記録，帳簿作成・保存と報告義務，ライセンサーの帳簿閲覧権（Accounting, Records and Reports）(3)…ライセンス契約で，ロイヤルティーの計算と額を報告する手続を規定**

> 3　During the term of this Agreement and as soon as practicable after the end of each fiscal year and in any event within thirty (30) calendar days thereafter, ABC shall submit to the Licensor the report, in English showing the Net Selling Price as mentioned in Article ＿＿＿＿ (Running Royalty), the amount of royalties to be payable, and other data for calculation thereof with respect to the Licensed Products manufactured and sold, used or leased during each such accounting period.

　**訳**　3　本契約期間中，各会計年度の終了日後なるべく速やかに，そしてどんなに遅くても，各会計年度終了の日から30暦日以内に，ABCは，その会計期間中に，製造，販売，使用，リースされた許諾製品に関し，

第 ＿＿＿＿ 条（ランニング・ロイヤルティー）に規定する純販売額，支払うべきロイヤルティー額ならびにその算出のために必要な他のデータを示す英語による報告書をライセンサーに提出するものとする．

（解説）　本例文ではロイヤルティーの計算と報告は，各会計年度が基準です．したがって，1年に1回計算をします．純販売額（定義される用語）を基準とし，その金額に契約のロイヤルティーの規定で定められる条項をもとに計算します．

## 2　契約の途中解除に関わる条項の読み方

**例文156**　契約解除条項（**Termination**）(1)…ライセンス契約で，①契約違反行為のある場合の当事者の解除権．②相手方の違反があったとき，違反していない側は，違反行為の指摘と解除の意思を通知．③契約違反があっても，通知受領後30日間は是正の猶予期間．④30日以内に是正されない限り，30日の猶予期間の経過により自動的に解除

Either party shall have the right to terminate this Agreement on the occurrence of any of the following events by giving a written notice to the other party of such breach and intention of termination. Unless other party cures such breach within thirty (30) days after the receipt of such written notice of breach and intention of termination, this Agreement shall be automatically terminated on the elapse of such thirty day period.

(a)  In the event that any royalty or other payments due under this Agreement are not paid by ABC on or before the due date,

(b)  In the event that control of ABC is acquired by any third party,

(c)  In the event that either party fails to perform any of its obligations under this Agreement, or

(d)  If the either party files a petition in bankruptcy or a petition in bankruptcy is filed against it, or either party becomes insolvent or bankrupt, or goes into liquidation or receivership.

---

**訳**　契約当事者は，相手方が，下記の事由のいずれかに該当するときは，相手方に対して，その違反事由と解除の意思を書面によって通知することにより，契約を解除する権利を有する．その契約違反事由と解除の意思の書面による通知が相手方によって受領された日から30日以内にその事由が解消されないときは，この契約は30日間の経過により，自動的に解除されるものとする．

(a)  ABCが，本契約により支払うべきロイヤルティーまたはその他の支払いを支払期日までに支払わないとき，

(b)  ABCのコントロールが第三者によって取得されたとき，

(c)  いずれかの当事者が契約による義務を履行しないとき，または，

(d)  いずれかの当事者が破産申請を行うか，または第三

者により破産申請を提出されたとき，またはいずれかの当事者が支払不能もしくは破産状態になったとき，またはいずれかの当事者が清算手続に入るか，または管財人が指定されたとき．

**（解説）**　①本例文は双方に比較的公平に規定しています．いずれの当事者の契約違反も解除事由になります．

②ライセンシーから契約を解除するメリットはないからライセンサーからの解除権だけを規定すればよいのではないかという意見を聞くことがあります．しかし，ライセンシーとしても，毎年のミニマム・ロイヤルティー支払義務の負担やマーケットでの販売努力と様々な義務があり，相手方（ライセンサー）が倒産したり，契約違反行為を行った場合には，解除したいという理由があります．たとえば，排他的なライセンス契約であるにもかかわらず，ライセンサーが第三者を通じて，あるいは自ら許諾地域でライセンス対象の商活動を推し進めるようなケースです．ライセンシーとしても，ライセンサーに対し違反行為の差し止め請求を行う一方，いざとなれば解除するという選択肢を契約上の明文規定で確保しておきたいものです．

③コントロール（control）とは，たとえば議決権株式の過半数を取得しての経営支配を意味します．本例文では，ABC社のコントロールが変更した場合のみを解除事由としていますが，実際には，ライセンサーのコントロールの変更もライセンシーに深刻な結果をもたらすことがあるので，解除事由に加えることもあります．何も規定しなければ，契約当事者のコントロールの変更は，契約の breach（違反）にはなりません．

④ "shall be automatically terminated" は「自動的に解

除される」という意味です．本例文では自動解除という
用語を使っていますが，実際の解除までの手続を見てい
くと，相手方の違反行為について，non-defaulting part
（違反をしていない当事者側）から，「解除事由にあたる
違反行為の指摘と解除の意思の通知」が送付されます．
その上で，30日以内の是正があるかないかを見ます．
是正されれば解除はなされません．したがって，解除を
行う側の意思が反映された解除手続なのです．

　もうひとつの解除の仕方として，当事者が相手方の違
反行為を知らなくても，また解除の意思の通知を出すと
いう手続をとらなくても，一定の行為・状態になった
ら，自動的に解除されるという考え方・方式がありま
す．相手方による破産手続の開始，時期が重要な支払期
限に支払いがなされないときなどです．解除事由が発生
すると，non-defaulting party も知らないうちに，契約
が解除されてしまいます．本例文の自動解除は，解除し
ようとする側の解除意思の通知がなされることが前提で
あるという意味では，完全な自動解除とは区別されま
す．

**例文157**　契約解除条項（**Termination**）⑵…ライセン
ス契約終了後の扱いにつき規定．①ライセンシーは，
許諾された商標，技術情報，著作権等の使用をしない．
②許諾製品から商標を除去．③ライセンシーはライセ
ンサーから買い取り要求があれば，その在庫品を割り
引きの上，引き渡すと規定

1　When this Agreement is terminated pursuant to
　the provisions set forth above, ABC shall refrain
　from further use any of Karen View Trademarks,

the Technical Information, copyrights in the Licensed Products and other proprietary rights of KVC (which have been granted by this Agreement) and ensure the removal of the Karen View Trademark from all the Licensed Products remaining in the inventory of ABC or its sub-licensees, if any.

2　The Licensor shall have the option to purchase ABC's stock of the Licensed Products at the price of _____ less a discount of _____ percent.

3　Any termination of this Agreement shall not impair or prejudice any right (s) of such party not in default or insolvency accrued up to the date of such termination and shall not affect any obligations hereunder which are expressed to continue such termination.

**訳**　1　上記規定に従って，この契約が解除された場合には，ABC はその後，カレン・ビュー商標を使用したり，（本契約によって使用許諾されてきた）KVC の技術情報，許諾製品に関わる KVC の著作権ならびに他の財産的権利を一切使用しないものとし，また，ABC またはそのサブライセンシーの在庫として残っているすべての許諾製品からカレン・ビュー商標を除去することを約束するものとする.

2　ライセンサーは，ABC の在庫になっている許諾製品を _____ の _____ パーセント引きで買い取る選択権（オプション）を有するものとする.

3　本契約のいかなる解除も，その解除日までに違反や

支払不能に陥っていない当事者の権利を損ないまたは失わせるものではないものとし、また、解除後も存続すると規定された義務に影響を与えるものではないものとする。

（解説）①解除の後、ライセンス契約で許諾されていた権利・事項が、そのままライセンシーによって継続するか、それとも終了するかという問題があります。契約終了とともに、その事由いかんによらず、ライセンシーは使用できないというのが、本例文の採用した方針です。特に、ライセンサーのブランドの継続使用に対して厳しい禁止条項があり、在庫品からもブランドの部分を除去しなければなりません。ライセンシー側からいえば、ライセンサーの倒産などライセンシーの責めによらない解除の場合は、本例文の規定と異なる扱いを求めるのも一案でしょう。たとえば在庫品については、そのまま一定期間販売できるということを提案するなどです。

　②ライセンサーによるライセンシーの在庫品の買い取りオプションは、ライセンサー、ライセンシー双方が歓迎するときがあります。ただし難問は買い取りの価格です。卸売価格の50パーセントくらいにするか、それとも卸売標準価格の90パーセント引きというように、コスト割れの極端な割引を行うか、ライセンサー、ライセンシー双方のビジネス判断の問題であり、交渉事項ですが、合意に達するのはなかなか難しいものです。

**第8章　契約条項の読み方③——付随義務と一般条項　279**

**例文158** 契約解除条項（**Termination**）(3)…ライセンス契約終了後の扱いにつき規定．①ライセンシーは，円満終了の場合は3カ月経過後，違反による解除の場合は直後から許諾製品，類似品の販売を禁止．②許諾製品の新たな注文の受付を禁止．③それまでにライセンサーから受け取った宣伝材料，技術情報等を返還または破棄

---

Upon termination of this Agreement for a breach or three (3) months after its expiration of this Agreement,

(1)　ABC shall not distribute, sell nor accept any further orders for the remaining inventory of any Licensed Products bearing the Karen View Trademarks or any trademark which are similar to the Karen View Trademarks.

(2)　ABC shall, upon KVC's instruction, deliver to Licensor or destroy all of Licensed Products and all advertising and promotional materials including samples and catalogues, if any.

---

**訳**　契約違反により解除されたときはその直後から，そして期間満了により終了したときはその終了後3カ月経過以後は，

(1)　ABCは，カレン・ビュー商標またはカレンビュー商標に類似した商標を付した許諾製品の在庫品を卸売販売し，販売し，またはその注文を受けてはならない．

(2)　ABCは，すべての許諾製品および宣伝広告資材があればそのすべて（見本，カタログを含む）をKVCの

指示に従い，ライセンサーに引き渡すか，廃棄するもの
とする．

# 英語索引

**A**

ab initio ·········································· 102
agree to ············································ 82
affiliate ································· 129, 193
alphabetical order ················· 178
appendix ·········································· 48
articles of incorporation ········· 97
as is ································· 58, 59, 60
as is, where is ················ 104, 105
at the request of ····················· 114
attachment ······························· 48

**B**

battle of forms ························· 115
become effective ···················· 123
beneficiary ······························· 46
bona fide ·························· 107, 108
bug ·················································· 60
business day ···················· 160, 162
by-laws ··········································· 97
By-Products Clause ················· 20

**C**

calendar day ······························· 162
calendar year ······················· 162
capital letter ···························· 65
closing ············································ 81
common stock ···························· 97
consideration ····························· 45
conspicuous ································· 65
control of quality ········· 202, 264
copyright ·································· 176

**D**

covenant ········································ 67
covenant and agree ················· 67
credit ·············································· 88

declaration of war ··················· 52
definitions ············ 175, 177, 179, 180
design ··········································· 176
disclosure of technical
  information ················· 224, 226
distributorship agreement ······· 40
due and payable ····················· 138
due and punctual ··················· 136
due and punctual performance
  ································································· 136
DVD ··············································· 194

**E**

enforcement ································· 45
entire agreement ··············· 68, 69
entire agreement clause ········· 39
except ·································· 153, 155
except for ·································· 153
except where ···························· 153
exclusive ······································· 30
execute ········································· 50
execute this Agreement ········· 49
execution of this Agreement ···· 49
exhibit ··········································· 47

**F**

FOB ·············································· 80

franchiser ································ 131
franchisee ······························ 131
Free on Board ························· 80
force majeure ········· 52, 54, 55, 114

### G

general terms and conditions ···· 40
geographical area ···················· 74
governing law ························· 65
grant of license
···· 183, 186, 187, 189, 190, 192, 193
grantee ································ 131
grantor ································ 131
gross selling price ················· 204
guarantor ······························ 46
have made ················ 184, 185, 186
having manufactured ······· 184, 186
hereby ·································· 48
hereof ·································· 47
hereto ·································· 47
hereunder ······························ 48
high safety required use ···· 147, 148
hold harmless ···················· 56, 57
hold …in strict confidence ······· 118

### I

implied warranty ················ 60, 64
implied warranty of fitness ······· 64
implied warranty of
    merchantability ··················· 64
in consideration of ··· 42, 45, 47, 214
in good faith ···················· 107, 109
in lieu of ···················· 103, 104, 106
in no event ···························· 116
in witness whereof ·················· 50
in writing ······························ 84

including, but not limited to
································ 52, 53
including without limitation ····· 53
indemnify ······························ 56
indemnify and hold harmless
································ 56, 57
initial royalty ························· 200
injunctive remedies ··············· 132
injunctive relief ········· 132, 133, 134
ipso facto ······························ 102
inter alia ······························ 113
irreparable harm ···················· 134

### J-L

jointly and severally ··············· 140
legally binding ···················· 43, 89
legend ································· 236
lessee ································· 131
lessor ································· 131
letter of guaranty ··················· 46
letter of intent ···················· 89, 90
license agreement ···················· 40
licensed products ············· 180, 181
licensee ································ 131
licensor ································ 131
LOI ···································· 88
lump sum payment ················· 199

### M

made and entered into ········· 50, 51
make every reasonable effort
································ 144, 146
make its best efforts ··············· 143
man-days ······························ 229
material breach ····················· 125
may ································· 83, 84

may not ···································· 87
memorandum of understanding
·········································· 91, 92
minimum royalty ············· 76, 208
most favored customer ··········· 68
mutatis mutandis ···················· 107

**N**
negative pledge ····················· 111
net selling price ············· 203, 204
non-exclusive ························· 30
not legally binding ················ 89

**O-P**
on or before ························· 164
one-time royalty ··················· 199
pari passu ····················· 68, 110
pari passu clause ···················· 68
parol evidence rule ················· 38
patents ······························· 169
per diem ······························ 111
per annum ···························· 113
preliminary injunction ··········· 132
pro rata ······························· 112
proprietary information
······························ 186, 187, 226
proprietary rights ·················· 176
provided, however, that ···· 150, 151
public domain ···················· 70, 71
Plain English ························· 38
power of attorney ·················· 67
preamble ······························ 43
preferred stock ······················ 97
prevail ··························· 115, 116

**R**
recital ································· 44
records and reports ···· 270, 271, 272
registered patents ················· 170
remedy at law ······················ 132
represent ························· 61, 62
represent and warrant ········· 61, 62
representation ························ 61
royalty
······· 71, 72, 199, 201, 213, 214, 217
running royalty ····················· 200

**S**
schedule ······························ 48
set forth ······························ 117
shall ······················· 80, 81, 93
subject to ······················ 142, 143
sublicense ··························· 189
subsidiary ······················ 129, 130
supersede ······················ 115, 116
survive ·························· 122, 123

**T**
technical assistance ··· 228, 232, 233
term ························· 126, 127, 128
termination ··············· 273, 276, 279
termination without Cause ····· 121
territory ····················· 71, 73, 74, 75
threatened breach ················· 133
time is of essence ·················· 136
trademark ··························· 176
trade secret ························· 176

**U**
U.C.C. ································· 64
unconditionally ··············· 138, 140

Uniform Commercial Code ······ 64
unless ································· 153, 155
upon one's request ··················· 114
upon the occurrence of ··········· 124
upon termination of this
  Agreement ····················· 119, 120
use its utmost efforts ··············· 143
use best efforts ···························· 143
use of legend ····························· 236

**V-W**

Videograms ······························· 194
Warrant ······································· 61
Warranty ························· 62, 636461
whereas ······································· 43
whereas clause ····························· 43
will ···················· 93, 94, 95, 96, 97 , 98
with all faults ······························ 59
without prejudice to ············· 57, 58

# 謝　辞

　本書の刊行にあたっては，『英文ビジネス契約書大辞典〈増補改訂版〉』(2014)，『英文ビジネス契約フォーム大辞典』(2019) と同様に，多くの方々のお世話になったことに対し，お礼を申し上げる．

　筆者の契約知識は，大阪，ニューヨーク，ロンドン，サンフランシスコ駐在，中東の石油化学プロジェクト，東京（三井物産 Legal 部門）での契約交渉，紛争対応や国際取引法研究会（内田勝一氏・早稲田大学名誉教授，円谷峻氏・横浜国立大学名誉教授・明治大学法科大学院元教授，中村肇氏・明治大学法科大学院教授，佐藤秀勝氏・國學院大學教授），企業法学会（田島裕氏・筑波大学名誉教授，高田淳彦氏・鹿島建設元法務部長，高田寛氏・明治学院大学教授，児玉晴男氏・放送大学教授），東京第一弁護士会（仲谷栄一郎氏・弁護士，宍戸善一氏・一橋大学院教授），梅谷眞人氏（富士ゼロックス知的財産部），加藤知子氏（富士通セミコンダクター法務部・弁護士），石川文夫氏（元富士通セミコンダクター法務部），吉田舞氏（元富士通セミコンダクター法務部，現富士通法務渉外部），三井悟史氏（元日産自動車知的財産部，現富士ゼロックス知的財産部），伊藤進氏（明治大学名誉教授），日本半導体商社協会（DAFS）（大西利樹氏，森泉修一氏），国際商事法研究所（IBL）（姫野春一氏），早稲田大学アントレプレヌール研究会（松田修一氏・早稲田大学名誉教授，濱田泰行北海道大学名誉教授，鹿住倫世氏・専修大学教授），日本国際知的財産

保護協会（AIPPI）（松居祥二氏・弁理士，熊倉禎男氏・弁護士），日本知的財産協会（宗定勇氏），明治大学法学研究会（明治大学法律研究所）等の各種研究会や，研修（ゼミナール，講師引き受け）などに参加し，話をうかがい，修得したものである．

米国法については，ミシガン大学ロースクール(LLM) 留学時に，ウイットモア・グレイ教授（契約法），ジョン・ジャクソン教授（国際貿易法ゼミナール：WTO），ジェームズ・ホワイト教授・ジェームズ・マーティン教授（商取引法：UCC），ステファン・リーゼンフェルト教授（国際取引法ゼミナール）に学んだ知識・訓練が基盤となっている．英文契約のドラフティングの手ほどきは，ジョージ・A・ファーネス弁護士（極東裁判における重光葵元外相の弁護人，Last Voyage〈Titanic 号の最期を描いた映画〉・東宝特撮映画等出演俳優，佐藤ファーネス法律事務所）から受けた．

1999 年に明治大学法学部専任教授として着任し，古稀退官（2014）まで，15 年間にわたり，国際契約模擬交渉，清里での夏合宿（模擬裁判），サブゼミ（舞法会，碧法会）などを通じて，国際取引をともに学んだ第 1 期（1999 年 4 月―2001 年 3 月）から，第 14 期（2012 年―2014 年）の国際取引法（山本孝夫）ゼミナールのゼミ生や，舞法生たち教え子から受けた質問や刺激も『英文ビジネス契約書大辞典〈増補改定版〉』(2014)，『英文ビジネス契約フォーム大辞典』(2019) 同様，本書の制作・内容に大きな影響を与えた．在学中のみならず，卒業後に知財・法務・事業部などの新人となった後も，様々な機会・場所で，教え子たちと会って話し，質問や次の本

の刊行や月刊誌への連載のリクエストを受け，刺激を得た．明治大学法学部教授退官（2014）を機に，教授退官記念講義のひとつとして，『ビジネスロージャーナル』誌に（連載100回超えを目標に）2014年5月号から連載開始した「英文契約応用講座〜新・梁山泊としてのゼミナール」，『会社法務A2Z』誌に2018年2月号から連載開始した「山本孝夫の英文契約入門ゼミナール」が，本書の執筆にあたり，『英文ビジネス契約フォーム大辞典』とともに，ヒントにも，基盤にも，動機づけにもなった．特に，本書の制作にあたり，あたらしい構成への章立ての組み替えや，現場の契約テーマの題材や解決策へのひらめきを得ることができ，ありがたかった．そのような協力者を代表し，下記諸君の名をあげておく．青木新，安部美奈子，荒井達，市川楓子，糸瀬彰，内山麻美，大嶽愛，大塚泰子，岡杏奈，奥野麻希，小田部浩子，甲斐知幸，金子信，金親知憲，久津名美希，倉内彩圭，倉田彩加，小池梓，小島正人，小林香子，齊藤友貴，櫻井真理子，佐藤美緒，髙橋里江，田島由芽子，土屋隆一郎，中岡さや香，中西絵里奈，生井澤里香，朴昭蓮，畑生理沙，原口夏美，原田さとみ，廣海舞，古舘麻美，堀幹弥，松原千春，南谷梨絵，森幸，山本小百合，横山早希，吉田有希（以上50音順，敬称略）．

　また，本書の構成（章立て）・テーマの見直し，新しい章の選定・追加にあたっては，明治大学教授現役時代から引き受けているIBL（国際商事法研究所），DAFS（日本半導体商社協会）の講座，および明治大学教授退官後に引き受け，近年，毎年開講している港区東麻布（レクシスネクシス・ジャパン），西新橋（新社会システ

288

ム総合研究所）での英文契約書講座・ゼミナールに参加していただいた方々や連載の読者からのご質問やリクエストが，現場の声としてヒントになることも多かった．

これらの講座や連載において，現場の方々との橋渡し役として応援していただいている方々を代表し，つぎの方々のお名前をあげておきたい．梅津大志氏（『ビジネスロージャーナル』誌編集長），多田奈穂子氏（広報・セミナー担当）（以上，レクシスネクシス・ジャパン社），大谷孝彦氏（COO講座企画），野村ひとみ氏（セミナー担当）（以上，新社会システム総合研究所），松田浩氏，大原芳恵氏，井原一道氏，窪田雅彦氏（『会社法務 A2Z』誌編集者）（以上，第一法規社）．

本書の制作にあたっては，基盤となった初版の刊行時は，『英文ビジネス契約書大辞典』（2001年初版と2014年増補改訂版）の編集者の堀江憲一氏に御世話になり，今回の編集では，『英文ビジネス契約フォーム大辞典』の編集につづき，野崎剛氏に，粘り強く取り組んでいただいた．

本書には，『英文ビジネス契約書大辞典〈増補改定版〉』ならびに企画から上梓まで3年がかりのプロジェクトであった姉妹編・『英文ビジネス契約フォーム大辞典』からの恩恵と影響を色濃く受けている．

また，本書制作にあたっても，『英文ビジネス契約書大辞典〈増補改定版〉』ならびに初版の刊行の際に膨大な英文契約の翻訳等で協力を得たのと同様に，本書改訂の焦点の絞り方，構想，テーマの選定ならびに，例文の英語表現，翻訳・監修などについて，折りにふれ娘の山本志織から貴重な協力を得たことを記す．本書中の主要登場人物・会社名（Karen View, Aurora Borealis

Corporation, Lynx Corporation）も山本志織から，提供をうけたものである．

　このたび，英文契約修得，国際取引の研究をはじめる方，英文契約のドラフティングや交渉の強化を目指す方への教科書として，『英文ビジネス契約フォーム大辞典』に続き，本書を上梓できることに感謝し，ご指導，ご厚誼を賜ったすべての方がたに心からお礼を申しあげたい．

## 著者略歴

# 山本 孝夫 （やまもと・たかお）

京都大学法学部卒、ミシガン大学大学院（Law School）修了（1973.5 LL.M 取得）。

三井物産（株）法務部門（大阪、東京、ニューヨーク、中東石油化学合弁事業〈出向〉、ロンドン、サンフランシスコ、東京、知的財産法務室長等）（1966-1999）を経て、1999年より明治大学法学部専任教授に就任（1999-2014）。国際取引法、法律英語、ゼミを担当。

兼任講師歴：獨協大学法学部・外国学部（国際取引法、1993-2001）、北海道大学経済学部（比較国際経済論、1994）、札幌大学大学院法学研究科（企業法研究、1997-2011）、東北大学工学部（知的財産権入門、1998-2013）、早稲田大学大学院アジア太平洋研究科（ビジネスと法、1999-2003）、横浜国立大学大学院国際社会科学研究科（情報化社会と法政策、1999-2003）等。

一般社団法人企業法学会理事（1995- 現在）、中小企業診断士試験基本委員（2001- 現在）を歴任。

著書：『決定版 英文契約書』（日本能率協会マネジメントセンター、2022年）、『英文契約書の読み方（第2版）』（日経文庫、日本経済新聞出版社、2020年）、『英文契約書の書き方（第3版）』（日経文庫、日本経済新聞出版社、2019年）、『知的財産・著作権のライセンス契約』（三省堂、2019年）、『英文ビジネス契約フォーム大辞典』（日本経済新聞出版社、2019年）、『山本孝夫の英文契約ゼミナール』（レクシスネクシス・ジャパン、2016年）、第一法規、2018年）、『ベンチャー企業の経営と支援（新版）』（日本経済新聞社、2000年、共著）

論説：「英文契約書基礎講座〜梁山泊としてのゼミナール」（『国際商事法務（IBL）』、2021年2月〜現在）、「英文契約書応用講座〜新・梁山泊としてのゼミナール」（『Business Law Journal』、2014年5月〜2021年2月、82回連載）、「海外合弁事業契約の研究とリスクマネジメント」（『社会科学研究所紀要』第44巻第2号、明治大学、2006年）、「国際取引法・知的財産法の学び方〜梁山泊としてのゼミナール」（『国際商事法務（IBL）』1994年1月〜1999年10月（58回連載）、「企業活動と大学教育〜国際取引法と知的財産法の展開」（『企業法学』第5巻、1996年）

## 編集協力者

# 山本 志織 （やまもと・しおり）

東京大学法学部卒業、東京大学大学院法学政治学研究科修士課程修了（英米法専攻）。米国テンプル大学 Law School 修了（LL.M. 取得）

現在：弁護士法人瓜生・糸賀法律事務所パラリーガル。

論説：「アメリカにおける契約締結の責任とレター・オブ・インテント」（『国際商事法務』（IBL）2021年9月）、「用語・表現・文章・条項のグロッサリー付き 文書別・法則・概念から詳説する契約書ドラフティング・レビューの着眼点と修正例」（『ビジネス法務』2019年1月、中央経済社）、「外国法人に対する人的裁判管轄権 McIntyre Machinery v. Nicastro」（『アメリカ法判例百選』別冊ジュリスト No.213）2012年12月、共著）

法律英語監修：『正義の行方（原題：Doing Justice）』（プリート・バララ著、早川書房、2020年）

日経文庫 1423

# 英文契約書の読み方

2006 年 6 月 15 日　1 版 1 刷
2020 年 5 月 15 日　2 版 1 刷
2023 年 6 月 14 日　　　　 2 刷

| 著　者 | 山本 孝夫 |
| 発行者 | 國分 正哉 |
| 発　行 | **株式会社日経 BP**<br>日本経済新聞出版 |
| 発　売 | **株式会社日経 BP マーケティング**<br>〒 105-8308　東京都港区虎ノ門 4-3-12 |
| 装幀 | next door design |
| 組版 | マーリンクレイン |
| 印刷 | 奥村印刷 |
| 製本 | 積信堂 |

©Takao Yamamoto, 2006　ISBN978-4-532-11423-7
Printed in Japan